Georg Rietschel

Die Aufgabe der Orgel im Gottesdienste bis in das 18. Jahrhundert

Georg Rietschel

Die Aufgabe der Orgel im Gottesdienste bis in das 18. Jahrhundert

ISBN/EAN: 9783744619103

Hergestellt in Europa, USA, Kanada, Australien, Japan

Cover: Foto ©Lupo / pixelio.de

Weitere Bücher finden Sie auf **www.hansebooks.com**

Die Aufgabe der Orgel im Gottesdienste bis in das 18. Jahrhundert.

Geschichtlich dargelegt

von

Georg Rietschel,

D. und ordentlichem Professor der Theologie und erstem Universitätsprediger in Leipzig.

Verlag der Dürr'schen Buchhandlung in Leipzig.
1893.

Vorwort.

Die nachfolgende geschichtliche Darlegung ist ein Abdruck des für den Rektorwechsel am 31. Oktober 1892 nach der Ordnung unserer Leipziger Universität herausgegebenen Dekanatsprogramms. Dadurch mag die sonst unberechtigte Bemerkung auf S. 70 entschuldigt werden, dass die Kürze der Zeit die Verwertung der verschiedenen kirchlichen und städtischen Archive verhindert habe.

Der behandelte Gegenstand darf wohl ein allgemeineres Interesse beanspruchen. Ist auch die Arbeit zunächst von theologischen, insbesondere liturgischen Gesichtspunkten aus entstanden, so nimmt wohl auch die Musikwissenschaft, die auf diesem Gebiete bisher allein gearbeitet hat, von den Ergebnissen derselben gern Kenntnis. Insbesondere aber hat die Frage Bedeutung für das praktische kirchliche Leben und wird bei Geistlichen, Organisten und Kantoren Teilnahme voraussetzen dürfen. Ist doch die Aufgabe der Orgel in unserem evangelischen Gottesdienste oft von einseitigen Gesichtspunkten aus bestimmt worden. Theorien haben einen massgebenden Einfluss ausgeübt, die vor der thatsächlichen geschichtlichen Entwickelung nicht bestehen können. Das Amt der Organisten und Kantoren, welches im 17. und 18. Jahrhundert eine so hohe Bedeutung hatte, ist in heutiger Zeit vielfach unterschätzt. Es ist tief zu beklagen, dass oft tüchtige Kräfte sich ihm entziehen, um lieber auf anderen Gebieten ihre Kunst zu bethätigen. Aber der Vorwurf trifft doch auch die Kirche, in welcher nach der überreichen Entfaltung der Kirchenmusik im 17. und 18. Jahrhundert eine allzu starke Reaktion und eine Missachtung der liturgischen und musikalischen Seite des Gottesdienstes eingetreten ist. Es ist allerdings besser geworden in den letzten Jahrzehnten. Für die Hebung des Organisten- und Kantoren-Amts hat Friedrich Zimmer in seiner Schrift: „Der Verfall des Kantoren- und Organisten-Amtes in der evangel. Landeskirche Preussens. Seine Ursachen und Vorschläge zur Besserung. Quedlinburg 1885", ein warmes Wort eingelegt. Die Bestrebungen und Erfolge des Evangelischen Kirchengesangvereins für Deutschland sind hocherfreuliche und beanspruchen die wärmste Teilnahme. Um so dringender aber ist zu wünschen, dass mit der reicheren Entfaltung und Hebung der Kirchenmusik das liturgische Verständnis Hand in Hand gehe, damit in der rechten, den Grundsätzen unserer Kirche entsprechenden Weise die musikalische Seite des Gottesdienstes gestaltet werde.

Die vorliegende Arbeit behandelt ja nur eine Seite des musikalischen Teils innerhalb des evangelischen Gottesdienstes, allerdings die wichtigste, die Aufgabe der Orgel, wenn auch notwendigerweise mannigfach der Kunstgesang des Chors berührt werden musste. Obgleich diese Blätter lediglich die bisher wenig beachtete geschichtliche Entwickelung in kurzen Zügen darzulegen suchen und von allen praktischen Vorschlägen zunächst absehen, so ist doch stets die Geschichte eine unentbehrliche Lehrmeisterin, um gesunde Grundsätze für das kirchliche Leben zu gewinnen. So wenig auch eine Wiederholung vergangener Einrichtungen das richtige sein wird, so glaubt der Verfasser doch, dass aus der geschichtlichen Entwickelung auch bei dieser Frage manche gesunde Gesichtspunkte zur rechten Gestaltung unserer Gottesdienste gewonnen werden können.

Leipzig, den 1. November 1892.

Der Verfasser.

Wir haben die Orgel in unserem Gottesdienste als das Instrument, welches den Gemeindegesang zu leiten bestimmt ist. Nur an zweiter Stelle steht ihre Aufgabe, den Gesang durch ein Vorspiel einzuleiten, die Verbindung der einzelnen Verse zu vermitteln und etwa durch ein Nachspiel beim Ausgange der Gemeinde aus dem Gotteshause den Gottesdienst ausklingen zu lassen. Das Bedürfnis nach Orgeln für die Kirchen wird aber allein durch den erstgenannten Zweck hervorgerufen.

Mit der thatsächlich geübten Praxis geht die Theorie Hand in Hand. In den Lehrbüchern der praktischen Theologie ist die Bedeutung der Orgel für die Gottesdienste der evangelischen Kirche mit grosser Einmütigkeit dahin bestimmt, dass ihr als hauptsächliche oder auch einzige Aufgabe die Begleitung des Gemeindegesangs zugewiesen wird, wobei man noch das einleitende Vorspiel, auch das Nachspiel am Schlusse des Gottesdienstes, manchmal auch die Zwischenspiele zwischen den einzelnen Versen oder auch den einzelnen Zeilen des Chorals zulässt.[1]) Die zuletzt genannte Weise, durch welche die einzelnen Verszeilen oft sinnlos auseinander gerissen werden und der Gesang, ganz abgesehen von der oft geschmacklosen Ausführung der Zwischenspiele, verschleppt wird, ist glücklicherweise wohl überall jetzt aus der Übung gekommen.[2]) Auch an entschiedenen Gegnern der Orgel für den Gottesdienst fehlt es in unserem Jahrhundert nicht.[3])

---

[1]) Schleiermacher Pr. Th., S. 112. Nitzsch II, S. 363 § 317. Moll, S. 389 § 715. Gaupp I, S. 279 ff. Otto I, S. 562 § 250. Th. Harnack I, S. 519. Knoke, S. 93. Achelis II, S. 114. Zezschwitz in s. System der Pr. Th. behandelt die Frage gar nicht.

[2]) Claus Harms (Pastoraltheol. II, 5. Rede, S. 119 ff.) giebt eine drastische Schilderung dieses Unfugs.

[3]) Ich nenne von lutherischer Seite nur Claus Harms (a. a. O. S. 112—121), der wohl am entschiedensten die Orgel bekämpft: „Wenn jetzt wieder, wie in der Schweiz geschehen, das Volk auszöge, alle Orgeln entzwei zu schlagen, ich weiss nicht, ob ich

Die Grundsätze für den genannten Gebrauch der Orgel werden in den Lehrbüchern der praktischen Theologie aus der Theorie des Gottesdienstes gefolgert. Die historische Frage, welche Bedeutung und Aufgabe die Orgel innerhalb der evangelischen Kirche, insbesondere in der lutherischen Kirche der deutschen Reformation im 16. und 17. Jahrhundert thatsächlich gehabt hat, wird dabei niemals in Betracht gezogen. Auch der Artikel „Orgel" in Herzog's R. E.[4]) giebt keinen Aufschluss über diese Frage. Stets wird von der stillschweigenden Voraussetzung ausgegangen, dass mit der Einführung des evangelischen Chorals in den Gottesdienst die Orgel sogleich als das den Gemeindegesang begleitende, denselben tragende Instrument helfend eingetreten sei.

Zwar hat schon Winterfeld im Jahre 1843[5]) erklärt: „Wir werden kaum behaupten dürfen, dass zwischen beiden, dem Orgelspiele und dem Kirchengesange der Gemeinde, schon zur Zeit unseres Meisters (Eccard, † 1611) ein solches Verhältnis stattgefunden habe, wie es gegenwärtig besteht." Winterfeld schliesst aus verschiedenen Umständen, die später noch Berücksichtigung finden müssen, dass die Orgel noch bis in die erste Hälfte des 16. Jahrhunderts allein zur Begleitung des Kunstgesanges und für selbständige Leistungen des Organisten gedient habe. Diese Auf-

nicht mitginge. Das will sagen: Wenn die Gemeinden eines Landes sich in legaler Weise darüber berieten, ob sie die Orgeln länger beibehalten oder sie wegnehmen und eventualiter die herrschaftliche Genehmigung nachsuchen sollten, ich weiss nicht, ob ich nicht für das Wegthun der Orgeln stimmte. Denn ihre Nützlichkeit ist gering, ihre Schädlichkeit ist gross und kein Mittel, um ihre Schädlichkeit abzuhalten, ist hinlänglich." Harms wünscht die Orgel nur für das einleitende Spiel beim Beginn des Gottesdienstes und wohl auch für das Postludium am Schluss des Gottesdienstes, um das Geräusch, welches bei dem Eintritt und dem Ausgang der Gemeinde entsteht, zu dämpfen, „ein Dienst, für welchen der Gesang zu gut, zu heilig ist." (S. 79.) — Von deutsch-reformierter Seite hat sich neuerdings auch Krauss (Pr. Th. I, S. 72) gegen die Orgelbegleitung ausgesprochen: „Gegen die Verwendung der letzteren (der Orgel) spricht der Umstand, dass der Kirchengesang ohne ihre Unterstützung eher auf die gewünschte Höhe gelangt." Vgl. auch S. 96: „Wie der ganzen Gemeinde durch den von den symbolischen Büchern inspirierten Prediger das alleingiltige Dogma, so wird ihr auch, ohne dass sie mehrstimmig sich hören lassen dürfte, und ohne dass ihnen sogen. Gesangbuch Noten anvertraut würden, durch die Orgel die Melodie fest vorgezeichnet." — Als dritten nenne ich aus einem ganz andern Lager als einen entschiedenen Gegner der Orgel Spurgeon (Alttest. Bilder II, S. 204): „An vielen Orten wird es für geziemend gehalten, das Werk der menschlichen Herzen, Zungen und Lippen auf ein Instrument zu übertragen, das den Herrn loben soll. Möge das niemals hier der Fall sein."

[4]) 2. Aufl. Band XI, S. 90 ff.
[5]) Der evangel. K.-Gesang und sein Verhältnis zur Kunst des Tonsatzes I, S. 479.

fassung hat mannigfache Anhänger und Vertreter gefunden.⁶) Eine eingehendere historische Untersuchung der Frage aber ist meines Wissens bisher noch nicht unternommen worden. Vor allem ist nicht klargestellt, welche Aufgabe denn thatsächlich die Orgel in den Gottesdiensten unsrer Kirche im 16. Jahrhundert gehabt hat, wenn wirklich angenommen werden müsste, dass die für unsere Zeit wichtigste Funktion ihr nicht zuerteilt worden ist. Auch die Frage, wie thatsächlich sich dieser Umschwung vollzogen hat, wann und wo die Orgelbegleitung sich mit dem Gemeindegesange vereint hat, ist nicht genügend ins Auge gefasst worden. Nach den bisherigen Darlegungen von Winterfeld und den ihm Folgenden wird behauptet, dass in der ersten Hälfte des 17. Jahrhunderts (der Zeitpunkt ist nicht genau bestimmt) ganz allgemein die Orgel, wo eine solche sich befand, in den Dienst des Gemeindegesangs gestellt worden sei.

Jedenfalls ist die Sache einer genauen Untersuchung wert, weil sie ein wichtiges Gebiet unseres Gottesdienstes betrifft.⁷)

Die Frage kann von liturgischen oder von musikalischen Gesichtspunkten aus in Betracht gezogen werden. Steht sie doch zunächst in engem Zusammenhange mit der Entwicklung der Kirchenmusik im 16. und 17. Jahrhundert. Bisher ist sie auch nur von dieser musikalischen Seite aus erörtert worden. Winterfeld ist nur durch Beurteilung der Musiklitteratur zu dem Schlusse gekommen, dass die Orgel den Gemeindegesang nicht begleitet habe. Aber ein klares abschliessendes Urteil über die Art der geschichtlichen Entwicklung ist auf diesem Wege, bisher wenigstens, nicht gewonnen worden.

Um so wichtiger ist es, dass auch der Liturgiker der Frage nahe tritt und aus den ihm zugewiesenen Quellen zunächst die geschichtliche Sachlage klarzustellen sucht.

Natürlich kann man das Liturgische und Musikalische bei dieser Frage nicht völlig trennen. Wir werden z. B. genötigt sein, nicht nur den

---

⁶) Z. B. Döring, Zur Gesch. d. Musik in Preussen S. 41. — Koch, Gesch. des Kirchenlieds 3. Aufl. I, S. 477 f. II, S. 384. — v. Dommer, Handbuch der Musikgesch. S. 198. — H. A. Köstlin, Gesch. des chr. Gottesdienstes S. 187: „Erst als die Zahl der Melodien sich mehrte, als die Tonsetzer zu den neuen Texten auch neue Weisen schufen, wurde es nötig, die Orgel zur Führung des Gemeindegesanges zu verwenden. Das geschah erst im 17. Jahrhundert. Bis dahin hatte man mit der Orgel nur den Chorgesang begleitet." — Wolfrum, Entstehung u. Entwickelung des deutsch-evangel. K.-L. in musikal. Beziehung S. 118. — Kümmerle, Encycl. der evangel. K.-Musik II, S. 143.

⁷) Ich verdanke meinem Freunde und Kollegen Herrn Prof. Kawerau in Kiel die erste Anregung, das dunkle Gebiet einer Untersuchung zu unterziehen, sowie mancherlei dankenswerten Nachweis betreffs der Litteratur.

Gemeindegesang und das Orgelspiel, sondern insbesondere auch den Figuralgesang in den Bereich der Betrachtung zu ziehen, weil diese drei Faktoren in der geschichtlichen Entwicklung in einer lebendigen Wechselbeziehung zu einander gestanden haben.[8])

Ich beschränke mich allein auf den Gottesdienst innerhalb des deutsch-reformatorischen Gebiets. Die lutherische Gottesdienstordnung kommt da vor allem in Betracht, ohne dass ich die reformierten Gebiete z. B. die Pfalz ausgeschlossen habe, da wesentliche Unterschiede in dieser Frage auf deutschem Boden sich nicht zeigen.

Allerdings ist das Material für solche Arbeit sehr zerstreut und sind die gelegentlichen Zeugnisse allerwärts erst zu suchen. Mehrere geschlossene Gebiete aber bieten sich vor allem dar zur näheren Untersuchung.

Ich nenne zuerst die Kirchenordnungen und Agenden. Die einigermassen ausreichende Beschaffung des Materials bietet aber besondere Schwierigkeiten, denn die Richter'sche Sammlung der KOO[9]) aus dem 16. Jahrhundert lässt uns bei unsrer Frage vollständig im Stich. Die für uns besonders wichtigen Abschnitte sind bei Richter fast durchgängig weggelassen, ohne dass auch nur ein geringer Hinweis auf das Fehlende vorhanden ist.[10])

---

[8]) Wo technisch-musikalische Fragen in Betracht kommen, ist mein Kollege Herr Prof. Kretzschmar mir sachverständiger Beirat gewesen, wofür ich ihm auch hier meinen Dank sage.

[9]) Weimar 1846. 2 Bände.

[10]) Die von mir im Original resp. Neudruck (N. D.) benutzten KOO. sind folgende: Braunschweig 1528. — Hamburg (N. D.) 1529. — Lübeck (N. D.) 1531. — Brandenb.-Nürnb. 1533. — Bremen (N. D.) 1534. — Pommern 1535. — Sachsen (Herzog Heinrich) 1539. — Nordheim 1539. — Braunbb. 1540. — Halle 1541. — Schleswig-Holstein 1542. — Nürnberg (Veit Dietrich) 1543. — Hildesheim 1544. — Mecklenburg 1552. — Churpfalz (Ottheinrich) 1556. — Pfalz-Zweibr. 1557. — Wittenberg 1559. — Rotenburg a. T. 1559. — Wirtemberg 1559. — Worms 1560. — Steuerwolt u. Peine 1561. — Braunschw.-Lüneb. 1564. — Hessen (N. D.) 1566. — Braunschw.-Lüneb. 1569. — Churpfalz (Ludwig) 1577. — Hohenlohe 1578. — Chursachsen 1580. — Mansfeld 1580. — Henneberg 1582. — Liegnitz 1594. — Strassburg 1598. — Nieder-Ülehen und Ober-Rossbach 1601. — Lützelstein 1605. — Rotenburg a. T. 1611. — Braunschw.-Wolfenb. 1615. — Braunschw.-Lüneburg 1619. — Coburg 1626. — Ostfriesland 1631. — Magdeb.-Halberst. 1632. — Halle (N. D.) 1640. — Gotha 1647. — Mecklenburg 1650. — Magdeburg 1652. — Braunschw.-Lüneb. 1657. — Weimar 1658. — Hanau 1659. — Halle 1660. — Limburg 1666. — Rotenburg a. T. 1668. — Lippe 1684. — Brandenb.-Magdeb. 1685 u. amtliche Erläuterung dazu 1708. — Braunschw.-Lüneb. 1709. — Magdeb.-Mansfeld 1739. — Ulm 1747.

An zweiter Stelle sind die Vorreden und einleitenden Bemerkungen der Gesangbücher aus dem 16.—18. Jahrhundert von Wichtigkeit, wofür ausser der Bibliographie des evangelischen Kirchenliedes im 16. Jahrhundert von Ph. Wackernagel [11]) besonders die fürstliche Bibliothek zu Wernigerode von mir benutzt worden ist. [12])

An dritter Stelle sind die Orgelpredigten zu nennen. Wir besitzen eine ganze Anzahl von Predigten, die bei Einweihung neuer Orgeln gehalten worden sind. Auch die Leichenpredigten für Organisten werden meist dabei von Wichtigkeit sein.

Aber das wichtigste Material wird wohl verstreut in den Archiven der Superintendenturen, Pfarrämter und Magistrate liegen. Man wird vor allem die Instruktionen der Organisten und die den Organistendienst betreffenden Aktenstücke durchsuchen müssen, um ein vollständiges Bild von der Aufgabe zu erhalten, welche die Orgel im Laufe der Zeiten für den Gottesdienst gewonnen hat. [13])

Ganz unerlässlich ist es aber, dass, ehe wir die Frage für unsre evangelischen Gottesdienste erörtern, wir uns ein möglichst klares Bild zu schaffen suchen über den Gebrauch der Orgel innerhalb des Gottesdienstes der römischen Kirche im Zeitalter der Reformation, da ja unsere Kirche, wie die gesamte Messe, so auch das in der Messe ausgeübte Orgelspiel zunächst von der römischen Kirche überkommen hat.

I. Die Orgel im Gottesdienste der römischen Kirche bis in das 16. Jahrhundert.

Eine Geschichte der Orgel, wenn auch nur in kurzen Zügen zu geben, liegt ausserhalb unserer Aufgabe. [1]) Das Instrument, welches früher

---

[11]) Frankfurt a. M. 1855.

[12]) Herr Archivrat Jacobs hat mir in ausgiebigster Weise die Benutzung der Bibliothek ermöglicht, wofür ich ihm zu herzlichem Danke verpflichtet bin.

[13]) Leider hat das zuletzt genannte Gebiet von mir wegen Kürze der Zeit und wegen der Schwierigkeit seiner einigermassen ausreichenden Beschaffung nicht in der gewünschten ausgiebigen Weise benutzt werden können.

[1]) S. Chrysander, histor. Nachricht von Kirchenorgeln. Rinteln 1755. — Antony, Geschichtl. Darstellung der Entstehung und Vervollkommnung der Orgel. Münster 1832. — Wangemann, Gesch. der Orgel und der Orgelbaukunst 1880. — Ritter, Zur Gesch. des Orgelspiels, vornehmlich des deutschen im 14. bis zu Anf. d. 18. Jahrh. 2 Bände. Leipzig 1884.

zu weltlicher leichtfertiger Musik gebraucht worden war,[2]) wurde zunächst in einer höchst unvollkommenen Gestalt in die Kirche versetzt. Karl der Grosse stellte die von Michael Rhangabe geschenkte Orgel im Münster von Aachen auf.[3]) Zwei Jahrhunderte später hatten fast alle Kathedralen und grossen Kirchen Orgeln. Welcherlei Gebrauch zunächst von dem Werke gemacht wurde, dessen Tasten, höchstens zehn an der Zahl, mit den Fäusten niedergedrückt wurden,[4]) ist nicht leicht zu bestimmen. Gewiss diente die Orgel schon von früh an dazu, den Ton dem Priester sowie dem Chor für das Intonieren anzugeben. Jedenfalls wurde sie später dazu gebraucht. In einer Wernigeroder Urkunde vom Jahre 1330, die den Gottesdienst an einem neugestifteten Altar bestimmt, heisst es, der Priester solle ansingen, „wenn man mit der Orgel läutet".[5])

Dem praktischen Bedürfnisse, dass für den zu beginnenden Gesang sei es der Priester oder der Chor den richtigen Ton finde, kam die Orgel zunächst durch einfaches Anschlagen des Tones entgegen. Als die Orgel nach und nach sich vervollkommnete und gefügiger wurde, bildete sich das „Praeambulum" aus, welches später in dem kunstvollen „Praeludium" sich vollendete. Es hatte den Zweck, nicht unvermittelt den einzelnen Ton nur anzugeben, sondern selbständig das folgende Stück einzuleiten. Aus dem Jahre 1482 wird uns berichtet: „Des ersten macht ein Harfer ein Priamel oder Vorlauff, daz er die luit im uff zu merken beweg"; und Sebastian

---

[2]) Sidonius Apollinaris rühmt den Westgothenkönig Theodorich auch deshalb, weil man an seinem Hofe keine Orgeln höre (ep. lib. I, ep. II, p. 6. ed. Sirm.); s. Hauck in Herzog's R. E². s. v. Orgel.

[3]) Gesta Karol. 2, 7 (Mon. Germ. SS. II, S. 751).

[4]) Daher kommt der stehende Ausdruck: „die Orgel schlagen," der auch in späterer Zeit nach Vervollkommnung der Orgel üblich bleibt. Ein altes Bild aus dem Psalterium Edwin's von Cambridge aus dem 12. Jahrh. zeigt uns bei einer Orgel mit zehn Pfeifen zwei Mönche als Organisten und vier Calcanten, die mit sichtlicher Anstrengung die Bälge niederdrücken. S. die Abbildung in Otte-Wernicke, Handbuch der kirchl. Archäologie 5. Aufl. 1, S. 324.

[5]) Wernig. Urkundenbuch (ed. Jacobs 1891 Nr. 85, S. 48: „vnde seal ansi[n]gen, swenne men myddeme orgen lot." — Dieselbe Urkunde abgedr. im Drübecker Urk. B. no. 76. — Das Wort „lot" bietet allerdings sprachliche Schwierigkeit. Nach dem Urteil meines Herrn Kollegen Sievers kann „läutet" eigentlich nur Übersetzung von „lut" sein; „lot" heisst „lötet". Auch kann nach seinem Urteile hier lot nicht für lôt stehen, da das ô nur für die Fälle üblich ist, wo mhd. uo, nhd. u steht (also wie gôt = mhd. guot, nhd. gut), nicht aber für die ursprünglich langen û und deren Umlaut, nhd. au und äu, wie es hier bei lot = lût = läutet der Fall sein würde. Trotzdem bleibt auch nach seiner Meinung nach dem ganzen Zusammenhange keine andere Deutung übrig, als „lot" = „läutet" zu nehmen. Das Original in Wernigerode hat deutlich lot.

Brandt schreibt in seinem Narrenschiff: „Eine Präambel auf der Orgel ist eine Präcentio, die man vorher spielt, dass der Zuhörer in den rechten Ton kommt, ehe man das rechte Stück anfängt."[6])

Ob schon in früher Zeit die Orgel zur Begleitung des Chorgesangs habe dienen können, erscheint uns, die wir das modulationsfähige harmonische Orgelspiel unsrer Zeit als unerlässlich zum Wohllaut betrachten, bei dem ungefügen Instrumente der früheren Jahrhunderte fast ausgeschlossen. Aber wenn Ratherius[7]) im Jahre 951 die hymnischen Lobgesänge des Clerus erwähnt, die unter dem Geläute der Glocken, welche doch auch der harmonischen Modulation entbehrten, abgesungen wurden, so liegt die Frage wohl nahe, ob nicht vielleicht zuerst an die Stelle der Glocken als Begleiter des Gesanges die wechselnden Töne der in der Kirche aufgestellten Orgel in gleicher Weise getreten sind?

Der Ausdruck der oben citierten Wernigeroder Urkunde, welche vom „Läuten der Orgel" redet, zeigt uns einen Sprachgebrauch aus späterer Zeit (14. Jahrhundert), der die Orgel mit den Glocken zusammenstellt, ähnlich wie man auch nach der Vervollkommnung der Orgel doch stets noch den Ausdruck „die Orgel schlagen" beibehielt, obgleich derselbe nicht mehr passte. Bedeutsam ist dafür auch eine Göttinger Urkunde von 1486, welche besagt: „to duszen tiden schall men luden mit den groten clocken unde wo id in vorbundener tid nicht en is, darto orgilen."[8]) Glockenklang und Orgelspiel wurden also verbunden, ausser in den Trauerzeiten, wo ja die Orgel schweigen musste.

Dass die Orgel mitwirkte bei dem Gesange des Chors, vor allem bei Liedern, die das Lob Gottes enthielten, wird uns mannigfach aus späteren Zeiten bezeugt. In der Magdeburger Schöppenchronik[9]) heisst es bei dem Berichte über den Empfang des Kaisers Karl IV. im Jahre 1377: „de papheit sungen om tedeum und mit den orgelen," und ebenso bei dem Empfange der Kaiserin in demselben Jahre: „und sungen or te deum laudamus up den orgelen mit der papheit."

Dass auch in der Messe die Klänge der Orgel und anderer In-

---

[6]) s. Kümmerle, Encyclopädie der evangel. Kirchenmusik s. v. „Präambulum" und „Präludium" II, S. 717. 720.

[7]) Conclus. deliberat. 34 (Migne t. 136, S. 378): cleri hymnidica signorum cum strepitu laus. — Phrenesis 11 (a. a. O. S. 360): clangore signorum cum melodia hymnorum. Beide Stellen verdanke ich meinem Herrn Kollegen Hauck.

[8]) Göttinger Urk.-Buch des histor. V. für Niedersachsen Heft VII, Nr. 351; citiert auch in Schiller-Lübben, Niederdeutsches Wörterbuch 3, S. 234 s. v. orgelen.

[9]) Chroniken deutscher Städte. Band 7, S. 273 f.

strumente, zwar nicht überall, aber doch zuweilen, und nicht in allen vom Chor gesungenen Stücken, aber besonders bei dem eigentlichen Höhepunkte des Lobpreises Gottes, dem Sanktus und dem Hosianna, welches nach dem Präfationsgebet auf die Wandlung der Elemente überleitete, mit dem Chorgesange sich mischten, wird uns ausdrücklich aus dem 13. Jahrhundert von Durandus bezeugt, der in seinem Rationale Divinorum officiorum [10]) bei der Erwähnung des Hosianna in der Messe schreibt: „Sane in hoc angelorum et hominum concentu, quandoque organa [11]) concrepant, quod a David et a Salomone introductum est, qui instituerunt hymnos in Sacrificio Domini organis et aliis instrumentis musicis concrepari et laudes a populo conclamari." Es ist also zweifellos für den Chorgesang, wenigstens bei besonderen Stücken desselben, die Begleitung des Gesangs mit Orgel und anderen Instrumenten schon im 13. Jahrhundert in Gebrauch gewesen.

Allerdings fehlt es nicht an entschiedenen Gegnern wie der Instrumentalmusik überhaupt, so auch der Orgeln, ja sogar des figurierten Gesanges. Am heftigsten wohl kämpft der Cistercienser Aelredus, Abt von Riedval in England († 1166), gegen alle derartige Musik. Er hört in dem schrecklichen Blasen der Bälge ein Geräusch, das eher das Krachen des Donners als die Lieblichkeit der Stimme ausdrückt. Die künstliche Vokalmusik schildert er mit blühender Phantasie in ihrer Lächerlichkeit. Den Orgeln und andern Instrumenten stellt er den Gregorianischen Messgesang entgegen, welchen der heilige Geist durch Augustin, Ambrosius und besonders Gregor den Grossen, die er als seine organa gebraucht,

---

[10]) Lib. IV, 10.

[11]) Man muss sich allerdings hüten bei dem Wort „organa" etwa sogleich an die Orgel zu denken. Organum oder der Plural organa ist zunächst, insbesondere in früherer Zeit, Bezeichnung der musikalischen Instrumente im allgemeinen. Vergl. Augustin in Psalm. 56: „Organa dicuntur omnia instrumenta musicorum. Non solum illud organum dicitur, quod grande est et inflatur follibus, sed quidquid aptatur ad cantilenam et corporeum est, quo instrumento utitur, qui cantat." Indessen wird mit diesem Worte häufig die Orgel bezeichnet. Isidorus, Ethymol. lib. III, c. 21: „organum vocabulum est generale vasorum omnium musicorum; hoc autem cui folles adhibentur hydraulum Graeci nominant, ut autem organum dicatur magis ea vulgaris est consuetudo." cf. Gerbert de cantu et musica sacra II, S. 137; du Cange s. v. organum. — Dass aber Durandus in der oben citierten Stelle unter den organis auch die Orgel mit begreift, ergiebt sich aus Lib. V, 66, wo er ausdrücklich organum als Bezeichnung für die Orgel gebraucht, welche „flatu" zum Tönen gebracht wird. Im späteren Mittelalter wird das Wort organum oder auch der Plural organa fast nur für die Orgel gebraucht.

eingesetzt habe.¹²) Thomas von Aquin ist ebenfalls ein Gegner der Instrumentalmusik. Er sagt: „Dergleichen Musikinstrumente dienen mehr dazu, Wohlgefallen zu erwecken, als innerlich zur Andacht zu stimmen. Im alten Testamente sind sie deswegen angewendet worden, weil das Volk hart und sinnlos war und durch solche Instrumente angeregt werden musste, wie durch irdische Verheissungen."¹³) Ja, er sagt ausdrücklich: „Die Kirche lässt Musikinstrumente, als Zithern und Psalterien, nicht zu, damit sie nicht den Juden ähnlich sei." Es scheint demnach, dass in den ihm bekannten Kirchen Orgeln nicht im Gebrauch gewesen sind. Die Kirche zu Lyon hat prinzipiell bis zu unsern Tagen die Orgel nach ihrem Grundsatze: „Ecclesia Lugdunensis novitates non recipit" ausgeschlossen, und bekanntlich hat die päpstliche Kapelle in der Sixtina bis heute keine Orgel; in ihr darf nur Vokalmusik erklingen.¹⁴) Man liess

---

¹²) Speculum charitatis lib. II, cap. 23 (Migne, Patrol. 195, S. 571 f.): „Unde quaeso cessantibus jam typis et figuris, unde in ecclesia tot organa, tot cymbala? Ad quid, rogo, terribilis ille follium flatus, tonitrui potius fragorem, quam vocis exprimens suavitatem? Ad quid illa vocis contractio et infractio? Hic succinit, ille discinit; alter medias quasdam notas dividit et incidit. Nunc vox stringitur, nunc frangitur, nunc impingitur, nunc diffusiori sonitu dilatatur. Aliquando, quod pudet dicere, in equinos hinnitus cogitur; aliquando virili vigore deposito, in femineae vocis gracilitates acuitur, nonnunquam artificiosa quadam circumvolutione torquetur et retorquetur. Videas aliquando hominem aperto ore quasi intercluso halitu exspirare, non cantare, ac ridiculosa quadam vocis interceptione quasi minitari silentium; nunc agones morientium, vel exstasim patientium imitari. Interim histrionicis quibusdam gestibus totum corpus agitatur, torquentur labia, rotant, ludunt humeri; et ad singulas quasque notas digitorum flexus respondet. Et haec ridiculosa dissolutio vocatur religio; et ubi haec frequentius agitantur, ibi Deo honorabilius serviri clamatur. Stans interea vulgus sonitum follium, crepitum cymbalorum, harmoniam fistularum tremens attonitusque miratur; sed lascivas cantantium gesticulationes, meretricias vocum alternationes et infractiones non sine cachinno risuque intuetur, ut eos non ad oratorium, sed ad theatrum, nec ad orandum, sed ad spectandum aestimes convenisse...... Cum igitur aliquis, spreta ridiculosa illa et damnosa vanitate, antiquae Patrum moderationi se contulerit, si ad memoriam nugarum theatricarum prurientibus auribus immane fastidium gravitas honesta intulerit: sicque totam Patrum sanctitatem quasi rusticitatem contemnat et judicet; modo cantandi, quem Spiritus sanctus per sanctissimos Patres quasi per organa sua, Augustinum videlicet, Ambrosium, maximeque Gregorium instituit: liberas, ut dicitur, naenias, vel nescio quorum scholasticorum nugas vanissimas anteponens.

¹³) Tract. 2, 2. quaest. 91, Art. 2.

¹⁴) Im 16. Jahrhundert war ja nicht nur die Orgel, sondern auch jedweder polyphone Gesang in der Gefahr, aus der römischen Kirche ausgewiesen zu werden. Eine von Pius IV. im Jahre 1564 niedergesetzte Kommission erörterte die Frage. Nur die von Palästrina eigens zu dem Zwecke komponierte Messe (Missa Papae Marcelli) in ihrer gewaltigen Wirkung rettete die polyphone Musik für den Gottesdienst. (s. Thalhofer, Handb.

den Gebrauch der Orgeln in den Kirchen vielfach nur zu mit Rücksicht auf die schwachen, der sinnlichen Anregung bedürftigen Gemeindeglieder.¹⁵)

Alle diese Stimmen hinderten aber so wenig den Gebrauch der Orgeln und auch anderer Instrumente als Begleiter des Chorgesangs, dass vielmehr mit der Vervollkommnung der Orgel ihre Verwendung immer mehr an Ausdehnung gewann. Sie nahm ein selbständiges Recht oft für sich in Anspruch.¹⁶) Ja, das Orgelspiel artete in ärgerlicher Weise aus, so dass unkirchliche, weltliche, selbst lascive und obscöne Melodien in der Messe gespielt wurden.¹⁷) Das Tridentiner Konzil hat hier Wandel zu schaffen gesucht.¹⁸)

Als ein anderer Missbrauch der Orgel, sowie des Chors, wird vielfach getadelt, dass Hauptstücke der Messe abgekürzt wurden, um dem Orgelspiele und Chorgesange Raum zu lassen, oder dass gar der Organist oder der Chor ohne weiteres mitten in die Stücke der Messe, ehe sie beendet waren, mit dem Orgelspiele oder dem Gesange einfielen und dadurch die Messstücke abkürzten.

Schon das Leitbuch des neuen Spitals zu Nürnberg, welches aus dem 14. Jahrhundert stammt, verbietet das viele Orgeln in den Gottes-

---

der kath. Liturgik I, S. 560). Gewöhnlich wird erzählt, dass Papst Marcellus II. (1555) selbst durch Palästrinas Messe von seiner Absicht, den polyphonen Gesang abzuschaffen, zurückgekommen sei.

¹⁵) s. z. B. Vio Cajetanus, Comment. in Thom. Aqu. 2, 2. qu. 91.

¹⁶) Bäumker (das kath. deutsche K.-Lied in s. Sangweisen II, S. 9.) führt hierbei den Beschluss der Synode zu Schwerin 1492 an und bekämpft mit vollem Rechte die falsche Auslegung, welche ganz allgemein, auch bei Hoffmann von Fallersleben (Gesch. des deutschen K.-Liedes S. 192.), dahin geht, dass das Singen von deutschen Liedern im Gottesdienste den Geistlichen gestattet worden sei. Im Gegenteil ist nach der richtigen Auslegung dieses Beschlusses das Singen deutscher Lieder verboten worden. Wenn aber Bäumker den Satz: „aut aliud (nach dem Zusammenhange = nec aliud) responsorium vel carmen vulgare loco praemissorum in organis aut choro qui praesentes fuerint Clerici resonent" also übersetzt: „ohne dass die im Chor anwesenden Geistlichen ein anderes Responsorium oder ein Lied in der Volkssprache anstatt der genannten Gesänge singen oder von der Orgel allein spielen lassen", so irrt er sich. Mit „in organis" ist in der Verbindung mit „choro" nicht die Orgel, sondern der Orgelraum im Gegensatz zu dem Chorraum gemeint. Die richtige Übersetzung lautet: „ohne dass die auf dem Orgelraum oder im Chor anwesenden Kleriker ein anderes Responsorium oder ein Lied in der Volkssprache anstatt der genannten Gesänge erklingen lassen."

¹⁷) Cajetan a. a. O. behandelt diese Missstände sehr ausführlich. Die Beschlüsse der Synoden rügen den Übelstand häufig.

¹⁸) Can. et decr. Conc. Trid. Sess. 22 decr. de observandis et evitandis in celebr. Missae: „Ab ecclesiis musicas eas ubi sive organo, sive cantu lascivum aut impurum aliquid miscetur item seculares omnes actiones... arceant."

diensten und fügt hinzu: „sô ist ez ouch got niht loblich, daz man mit der orgel ab pricht den glouben, daz ist credo in unum deum, und ab pricht die praefaczen [Präfation] und ab pricht daz heilig pater noster."[19] Die Kölner Provinzialsynode von 1536 tadelt, was in manchen Kirchen geschehe, „ut ob Cantorum et Organorum concentum omittantur aut decurtentur ea, quae sint praecipua. Cujus generis sunt recitatio verborum Propheticorum aut Apostolicorum, quam Epistolam vocamus, Symbolum fidei, Praefatio, atque oratio Dominica."[20]

Auf der Synode zu Roermund i. J. 1570 wird bestimmt, dass kein Organist, Kantor oder Ludimagister künftighin wage, den Vortrag der Epistel, die Präfation oder das Vaterunser abzukürzen oder gar zu unterbrechen.[21] Ebenso rügen die Synoden von Trier (1549) und von Augsburg (1567) den Missbrauch, der vielfach bestehe, dass die Worte des lesenden Priesters oder das Singen des Credo oder die Präfation oder das Vaterunser unterbrochen werden.[22]

Es ergiebt sich hieraus, dass die Orgel vielfach Stücke, die der Priester sang, begleitete. Hier verhinderte ihr Klang oft, dass die Worte zur Geltung kamen. Die genannte Synode zu Augsburg von 1567 gebietet, dass all das, was zur Belehrung und zum Unterrichte der Gläubigen diene, wie Epistel, Evangelium, Symbolum, Vaterunser, also gelesen und gesungen werden soll, dass die Anwesenden deutlich die einzelnen Worte hören und auffassen können. „Interea vero a modulis organicis abstineatur." Ebenso verordnet die Synode zu Thorn i. J. 1600, dass die Präfation, das Vaterunser von dem Celebranten, das Gloria und das Symbolum von dem Clerus rein gesungen werden, „nec organis supprimantur."[23]

Indessen giebt all das Bisherige noch kein völlig klares Bild. Wir würden uns täuschen, wenn wir bei dem Zusammenwirken von Chor und Orgel, oder auch von Priester und Orgel, immer nur an einen gleichzeitigen Zusammenklang beider Teile denken würden. Vielmehr steht die Thatsache fest, dass Chor und Orgel, oder auch Priester und Orgel, in die Ausführung der einzelnen Stücke derartig sich teilten, dass abwechselnd ein Teil nur gesungen, der folgende Teil nur von der Orgel gespielt wurde. Als ältestes Zeugnis ist mir folgendes bekannt: du Cange führt in seinem

---

[19] Die Stelle ist aus dem nur handschriftlich vorhandenen „Leitbuch" citiert in Lexer Mittelhochd. H.W.B. II, S. 166. s. v. orgelen.
[20] Conc. germ. (ed. Schannat et Hartzheim) VI, 255. VII, 668
[21] l. c. VII, 172.
[22] l. c. VI, 600. VII, 104.
[23] l. c. VIII, 479.

Glossarium s. v. Organisare folgendes Citat aus einer Handschrift aus der Pariser Bibliothek vom Jahre 1407 an, welche die Statuten der Kapelle von Bourges enthält: „Jubemus quod in omni missa, cujuscunque solemnitatis sit, ut puto trium lectionum dierum ferialium et novem lectionum duplicium et annualium, semper officium, responsorium, alleluja, offertorium et postcommunio discantabuntur, et similiter Kyrie eleison, Gloria in excelsis, Prosa, Sanctus, Agnus, nisi organisentur." [24]) Bei den letztgenannten Stücken Kyrie, Gloria, den Prosen, dem Sanktus und Agnus wird also auch eine Ausführung durch die Orgel an Stelle des Chorgesangs vorgesehen.

Ein Zeugnis über derartige Vortragsweise haben wir auch aus Luther's Munde. Wir hören ihn in den Tischreden [25]) folgende Thatsache berichten: „Da ich zu Erfurt ein junger Mönch war und terminieren und nach Käsen gehen musste auf die Dörfer, kam ich auf eins und hielt da Messe. Da ich mich nu angezogen hatte und vor den Altar trat in meiner Kleidung und Schmuck, da fing der Kirchner an das Kyrieeleison und Patrem auf der Lauten zu schlagen; da konnte ich mich schwerlich des Lachens enthalten, denn ich war solches Orgelns nicht gewohnet; musste mein Gloria in excelsis nach seinem Kyrie richten."

An Stelle der in der dortigen Dorfkirche wohl fehlenden Orgel hatte also der Kirchner die Klänge der Laute d. h. des Saiteninstruments gesetzt, welches oft für den Gesang bei weltlichen Liedern diente. Was uns aber bei der Stelle interessiert ist die Thatsache, dass das Kyrie und das Patrem d. h. das Glaubensbekenntnis mit dem Instrumente gespielt wurde, während Luther als Priester das Gloria zu singen hatte. Solche Übertragung ein-

---

[24]) Organum wird ja allerdings häufig in der Sprache des Mittelalters verstanden als „concentus vocum etiam humanarum diversis consonantiis." Eine andere Bezeichnung war auch Diaphonia. „Diaphonia vocum disjunctionem sonat, quam nos organum vocamus, cum distinctae ab invicem voces concorditer dissonant et dissonanter concordant." Darum nannte man das Begleiten der unveränderten Choralmelodie in der Quart oder Quinte organum, und die Ausübung wurde mit organisare „mit der Stimme begleiten" bezeichnet, ähnlich wie man mit der Orgel begleitete, „canere in modum organi." Ebenso wurde oft in ähnlichem Sinne wie organum und organisare das Wort discantus und discantare gebraucht: „Discantat qui simul cum uno vel pluribus dulciter cantat, ut ex disjunctis sonis sonus unus fiat, non unitate simplicitatis sed dulcis concordisque mixtionis unione." (s. Gerbert, musica sacra II, S. 108 f. 185. Thalhofer, Kath. Liturgik I, S. 556. Jahrb. für musik. Wissenschaft, herausg. v. Chrysander II, (1867) S. 86. Wolfrum a. a. O. S. 20 f). In der oben genannten Stelle, wo für diese Begleitung mit der Stimme das gebräuchliche Wort discantare gebraucht wird und diesem ausdrücklich das organisare entgegengesetzt ist, kann aber organisare, wie du Cange richtig angiebt, nur bedeuten: „organa pulsare."

[25]) Erl. Ausg. 60, S. 399.

zelner Messstücke auf die Orgel, welch letztere der Kirchner in jenem Dorfe naiver Weise durch die Laute ersetzte, war eine allgemein geübte und gebilligte Sitte während des 16. Jahrhunderts. Nur gegen dabei eingerissene Missbräuche hat die römische Kirche im 16. Jahrhundert, als auch sie begann in ihrer Mitte zu reformieren, sich mannigfach erklärt. Ausführlicher wird z. B. über diese Art der Verteilung von Gesang und Orgelspiel gehandelt von **Martinus Azpilcneta Navarrus** († 1586) in seiner Schrift de oratione et horis canonicis, die wir etwa auf das Jahr 1570 datieren können.[26] Derselbe spricht zunächst von dem cantus organicus, unter dem er den vielstimmigen Gesang versteht. Er tadelt das Sprechen und Scherzen der Sänger auf dem Chore, „potissimum cum alternatim versum unum organa et alterum cantores cantus organi concinunt." Sodann spricht er sich gegen den Missbrauch der Instrumente im Gottesdienste aus, den wir schon vorhin erwähnten. Sie seien Schuld, dass an vielen Orten das Credo und das Gloria an Festtagen nicht gesungen und darum vom Volke nicht gehört würden. Die Schuld liege an den Organisten, die ihre Kunst zeigen und in vollem Masse gehört sein wollten, so lange sie die Orgel schlagen, damit sie manchmal die Messe über eine Stunde länger als recht ist hinausziehen.

Besonders interessant für uns ist aber das folgende.[27] Er tadelt es als eine Verkehrtheit (praepostere agere), wenn die Orgeln verwendet würden, um schneller und mit geringerer Arbeit die Messe zu feiern, indem man die Last des Singens auf den Organisten ablädt, der in kürzerer Zeit, als es durch den Gesang geschehen kann, das Gloria, Halleluja, Credo, Offertorium, Sanktus, Agnus Dei und Deo gratias ausführt. Das heisse die Orgeln zu dem entgegengesetzten Zwecke gebrauchen, um deswillen allein ihr Gebrauch gestattet sei, dass sie nämlich zur frommen Erhebung des Volkes mitwirke, da dieselbe besser durch die Melodie und durch die Feierlichkeit, welche die Orgel der Messe beifüge, bewirkt werde. Dennoch verwirft Azpilcneta dieses Alternieren von Orgel und Gesang in der rechten Anwendung durchaus nicht. Er kennt es als eine durchaus gebilligte Sitte. Indem er sich über verschiedene casuistische uns nicht berührende Fragen mit Dominicus a Soto auseinandersetzt,[28]

[26] In seinen Gesamtwerken: Commentarii et Tractatus, Venet. 1601 (nach seinem Tode herausgegeben), Kap. 16, S. 253 ff. Das Exemplar der Hof- und Staatsbibliothek zu München hat mir vorgelegen. Da bei der genannten Schrift steht, dass der Verfasser sie vor etwa 30 Jahren verfasst habe, so werden wir auf das Jahr 1570 oder 1571 geführt.
[27] a. a. O. Kap. 17, S. 257 ff.
[28] a. a. O. Kap. 21, S. 293 f. Es betrifft dies zunächst die Frage, ob die, welche vom Chor zum Räuchern an den Altar geschickt werden, gehalten sind, die dadurch ver-

sagt er: „Er würde nicht wagen den ganzen Chor, noch die einzelnen Glieder desselben davon zu entbinden, dass sie heimlich das supplieren (tacite supplere), was die Orgel schlägt. Et magis laudo modum illum supplendi, quo chorus submissa voce et singulatim supplet singulos versus ab organo pulsatos post singulos a se cantatos, quam illam, quo chorus supplet unico contextu, dum primus versus ab organista psallitur, totum canticum vel psalmum a choro et organis vicissim canendum, eo quod attentionem et devotionem magis conservat et auget, magisque occasionem vagandi mente et colloquendi verbis tollit."

Er setzt also jedenfalls einen Wechsel von Chor und Orgel voraus. Es handelt sich ihm nur um die Art, wie dieser Wechsel zum Ausdruck kommen soll. Da kennt er zwei mögliche Weisen, die beide zulässig sind. Die eine Form ist die, dass abwechselnd je ein Vers von dem Chore gesungen und von der Orgel allein gespielt wird. Während des Orgelspiels soll dann der Chor den betreffenden Text mit gedämpfter Stimme und zwar jede Person für sich (singulatim) ergänzen. Diese Form ist Azpilcueta, weil sie die Aufmerksamkeit erhält und vom Schwatzen unter einander abhält, lieber als die andere Form, die darin besteht, dass der Organist den ersten Vers allein spielt, und dann der Chor in einem Zuge (uno contextu) den ganzen Gesang singt, der vielmehr nach Azpilcueta's Meinung vom Chor und der Orgel abwechselnd vorzutragen ist. Das Alternieren von Chor und Orgel wird also von ihm als selbstverständlich vorausgesetzt. Carl Borromäus setzt ebenfalls dies Alternieren voraus, wünscht aber auch, dass der vom Gesang ablassende Chor den Text der Verse während des Orgelspiels zwar nicht singe, aber doch bestimmt vortrage. [29])

Auf der Synode zu Kulm 1605 [30]) wird diese genannte Weise derartig geordnet, dass bei den Stücken, welche die Orgel spielt, von einem einzelnen Mitgliede des Chors mit deutlicher Stimme das ausgesprochen werde, was von der Orgel zu respondieren ist. Ohne der Orgel ihr selbstständiges Recht zu nehmen, soll doch zugleich im Worte zum deutlichen Ausdruck kommen, was sie spielt.

Dabei wird aber doch für das Alternieren von Orgel und Chor eine Grenze gezogen. Nicht alle Stücke sind zu solcher Ausführung geeignet. Die Synode zu Cambray i. J. 1565 gebietet, dass das, was im Chore zur Unterweisung (ad instructionem) gesungen werde, auch mit der Stimme

---

säumten Gesangstücke nachzuholen, oder ob sie dieselben dem verbleibenden Chore allein überlassen dürfen.

[29]) Conc. Mediol. I. P. II, no. 51. Gerbert, de cantu et musica sacra II, S. 186
[30]) Conc. germ. VII, S. 103.

gesungen werden müsse, damit der Geist es verstehen könne, nicht aber durch die Orgel ersetzt werden dürfe, die nicht so erbauen könne wie die lebendige Stimme, welche des frommen Sinnes Interpret und Bote sei. „Tamen ad ornatum cultus divini liceat his modulis organicis uti in Prosis, Offertorio, Sanctus et Agnus."[31]) Dieselben Bestimmungen eignet sich das Konzil zu Konstanz vom Jahre 1567 an, fügt aber den letztgenannten Stücken noch das Kyrie und Gloria hinzu.[32]) Als das hauptsächlichste Chorstück, welches, wie oben gesagt, ad instructionem diente und darum niemals alternierend gesungen werden sollte, erscheint das Credo. Ausdrücklich wird z. B. von der Synode zu Rheims 1564 bestimmt: „Symbolum fidei totum a choro, non alternatim ab organo canendum."[33]) Von der Elevation der Hostie an bis zum Agnus Dei sollen nach verschiedenen Konzilsbeschlüssen die Orgeln schweigen.[34]) Andere Konzile verfügen dies auch für das Kyrie eleison, das Symbolum und für das Sanktus.[35])

Besonders beweisend für den althergebrachten und durchaus unangefochtenen Gebrauch solchen Alternierens von Chor und Orgel bei den einzelnen Stücken der Messe ist das im Jahre 1600 von Clemens VIII. fertig gestellte amtliche Caeremoniale, welches die Ausführung der gottesdienstlichen Stücke regelt und den eingeschlichenen Auswüchsen begegnet.[36]) Dasselbe bestimmt die so gestaltete Mitwirkung der Orgel in der Matutine bei dem Te Deum laudamus und in der Vesper bei dem Magnificat. Es soll aber stets zuerst der Chor vorausgehen und im folgenden Gliede erst die Orgel folgen. Bei den Versikeln, bei denen der Priester zu knieen hat, und wenn das Sakrament auf dem Altare sich befindet, soll nicht die Orgel spielen, sondern der Chor singen. Das Gloria patri etc., welches den Introitus abschliesst, soll nicht die Orgel spielen, sondern stets der Chor singen, auch wenn derselbe den unmittelbar vor-

---

[31]) a. a. O. VII, S. 488.
[32]) a. a. O. VII, S. 164.
[33]) Gerbert, a. a. O. S. 186. Dass übrigens in musikalischer Beziehung die Verteilung der einzelnen Stücke des Kyrie, Gloria, Credo etc. zwischen Chor und Orgel möglich war, ergiebt ein Blick in die mannigfaltigen Messen des 16. Jahrh. (z. B. von Gabrieli) Stets sind die einzelnen Glieder musikalisch als selbständige Stücke behandelt, so dass sie ebensogut von zwei Chören, als auch von Chor und Orgel wechselweise ausgeführt werden können.
[34]) Trier 1549, Köln 1550, a. a. O. VI, 600. 632.
[35]) Roermund 1570, a. a. O. VII, 688.
[36]) Caer. Epp. 1, c. 28 vom Jahre 1600: de Organo, Organista et Musicis seu Cantoribus et norma per eos servanda in divinis.

ausgehenden Versikel schon gesungen hat. Auch die letzten Verse der Hymnen soll der Chor singen. In den übrigen kanonischen Horen ist es nicht gebräuchlich die Orgel einzufügen. Geschieht es aber, so soll einer vom Chor mit deutlicher Stimme das, was von der Orgel respondiert wird, vortragen. Lobenswert ist es, wenn ein Sänger im Vereine mit der Orgel den Text mit lauter Stimme singt.

In der Messe aber wird das Kyrie eleison alternierend von Chor und Orgel vorgetragen, so dass also für das zweite Glied: „Christe eleison" die Orgel eintritt. Ebenso soll alternierend bei dem Gloria in excelsis verfahren werden, ebenso nach dem Gesange der Epistel, beim Offertorium, bei dem Sanktus. Bei der Elevation der Hostie soll die Orgel in ernsterem und leiserem Tone spielen. Das Agnus Dei soll wieder alternierend von Chor und Orgel vorgetragen werden. Das gleiche gilt von den Versikeln vor der oratio post Communionem und vom Schluss der Messe. Dagegen ist bei dem Vortrag des Symbolums in der Messe die Orgel nicht dazwischen einzumischen, sondern dasselbe soll der Chor allein mit deutlicher Stimme vortragen.

Es kann keinem Zweifel unterliegen, dass alles dies nicht etwa Neuerungen sind, die erst im Laufe des 16. Jahrhunderts in die römische Kirche eingeführt worden sind; vielmehr führt das Caeremoniale nur die gebräuchliche Form auf ihr rechtes Mass zurück und steuert den eingerissenen Missbräuchen. Das wird uns gewiss werden, wenn wir sogleich auch bei den Anfängen des lutherischen Gottesdienstes die gleiche Form finden werden.[37])

Unsere Untersuchung hat demnach ergeben, dass die Reformation neben einem argen Missbrauche der Orgel zu selbständigen und unwürdigen Vorträgen den allgemein anerkannten Gebrauch in dreifacher Form vorfand: 1., als **Praeambulum (Praeludium)**; 2., als **Begleitung einzelner Chorstücke**; 3., als **Ausführung einzelner Messstücke im Wechsel mit dem Chore**.

Nach diesen drei Seiten müssen wir auch fernerhin den Brauch der Orgel im evangelischen Gottesdienst würdigen, wozu 4., die für uns wichtigste Frage tritt, welche Stellung die Orgel zu dem neueingeführten evangelischen Gemeindegesange genommen hat.

---

[37]) Mein Herr Kollege Kretzschmar hat mich darauf aufmerksam gemacht, dass auch bei der Entwickelung der weltlichen Musik im Madrigal sich im 16. Jahrh. eine Gleichstellung von Singstimmen und Instrumenten zeigt, die sodann zu der Begleitung des Gesanges durch das Instrument führt.

II. Die Orgel im evangelischen Gottesdienste bis zum Anfänge des 17. Jahrhunderts.

Der Missbrauch, der, wie wir sahen, mit der Orgel und den übrigen Instrumenten im Gottesdienste getrieben wurde, bewirkte die grosse Abneigung, welche wir in der ersten Zeit der Reformation gegen dieses Instrument, und zwar nicht etwa blos auf dem Boden der schweizerischen Reformation [1]), finden.

Selbstverständlich eiferten am meisten die Schwarmgeister gegen den Figuralgesang und gegen die Orgel samt den andern Musikinstrumenten. Carlstadt erklärte den Gregorianischen Gesang, wie er damals in der Kirche üblich war, sowie den Lärm der Orgeln für einen leeren Klang, der mit dem Klange der Posaunen und Flöten ins Theater und an die fürstlichen Höfe gehöre. Wenn man den Gesang in der Kirche behalten wolle, dürfe er nur einstimmig sein, wie es nur einen Gott, eine Taufe, einen Glauben gebe [2]).

Zahlreich sind aber auch die Zeugnisse, welche gegen die Orgel ausserhalb der schwarmgeisterischen Kreise sich erklären [3]). Die Reformatio Hassiae sagt [4]): „Admonemus in nomine Dei, ut organa nunquam aut rarissime pulsentur, ne in priscos relabamur errores." Sie begründet dies damit, dass man ja in der Gemeinde ohne Interpretation keine fremde Sprache gebrauchen dürfe, weil die Menschen das Gesagte nicht verstünden. Wie viel weniger seien daher die Orgeln zu gebrauchen, weil sie nur den Ohren ohne Frucht des Gemütes dienen, denn das Volk höre zwar den Ton, aber den Sinn der Sache, die von der Orgel gespielt werde, verstehe es nicht.

Aber vor allem Luther selbst, der begeisterte Freund der Frau

---

[1]) Die Abneigung besonders Zwingli's nicht nur gegen die Orgel, sondern auch gegen jedweden Gesang in den Kirchen ist ja bekannt. Im Jahr 1527 wurde die Orgel im Grossmünster zu Zürich abgebrochen. Der Gesang in der Kirche verstummte völlig. Erst im Jahre 1598 öffnete die Kirche zu Zürich sich dem Gemeindegesange.

[2]) „Cantus Gregorianus, ut nunc fit, et strepitus organorum non nisi sonus sunt, praeterea nihil. — Sic cum illo et organa, tubas et tibias in theatra chorearum et ad principum aulas relegamus. — Non enim domus clamoris sed amoris domus Dei est. — Si ergo cantum in ecclesia permanere volueris, hunc non nisi unisonum velis, ut sit unus deus, unum baptisma, una fides, unus cantus. Carlstadt's Propositiones, Basileae 1522, vgl. dazu Riederer, Nachrichten IV, 186 ff.

[3]) Neuer Karsthans (Schade, Satiren und Pasquille II, S. 26. 233. 369). — Kawerau, Kaspar Güttel, S. 42. Riggenbach, Eberlin von Günzburg, S. 58.

[4]) Richter, KOO. I, S. 58.

Musika, der am vielstimmigen und figurierten Gesange auch im Gottesdienste seine Freude hatte, der Schöpfer des Kirchenliedes, der selbst die Lieder, die er der Gemeinde gab, im Gegensatz zu Carlstadt vierstimmig mit seinem Freunde Walther setzte und also singen liess, betrachtet die Orgel durchaus nicht mit günstigen Augen. Ich kenne keine einzige Stelle, in der er ihren Gebrauch rühmt. Wohl aber finden sich verschiedene Zeugnisse aus seiner Feder, welche die Orgel geringschätzig beurteilen, ja sogar ihren Schaden aufdecken. Er nennt unter den Stücken, die „in der gleissenden Kirche in Übung und Brauch gewesen sind", auch die Orgeln[5]). Er urteilt: „Inventa sunt hic lenimina quaedam sensuum, per organa musica et cantuum varietates, sed nihil ad spiritum, qui etiam magis illis extinguitur, istis tittilationibus"[6]). In seiner Kirchenpostille schreibt er[7]): „Ich wollt ohn Zweifel nicht, dass du mir ein Orgel mit vierzehen Register und zehen Fach Flautenwerk machtest. Daher siehestu, dass der Papisten Werk in Orgeln, Singen, Kleider, Läuten, Räuchern, Sprengen, Wallen, Fasten u. s. w. sind wohl schöne, grosse, viele, lange, breite und dicke Werk, aber es ist kein gut und nützlich oder hülflich Werk darinnen, dass man wohl mag von ihnen sagen das Sprichwort: Es ist schon böse." „Derselbige (der Glaube) kann wohl mehr sein in einem Müllerknecht, denn in allen Papisten und kann mehr erwerben, denn alle Pfaffen und Mönche mit ihren Orgeln und Gaukelwerk, wenn sie gleich mehr Orgeln hätten, denn jetzt Pfeifen drinnen sind." Als im Jahre 1525 in der Wittenberger Schlosskirche für die an der alten Liturgie festhaltenden Kanoniker eine neue Ordnung des Gottesdienstes durch Bugenhagen und Jonas „mit Rat D. Martini" eingeführt wurde, wurde unter anderem bestimmt[8]): „Organis (quando jam illic sunt) possunt, si voluerint, uti solum dominica die ad Te deum laudamus et si quando Germanica carmina cecinerint. Organa vero ad missam non debent adhiberi." Man beachte den Ausdruck: „quando jam illic sunt," der nur wie eine Konzession an vorhandene Dinge klingt, man beachte ferner, dass der Gebrauch der Orgel nur gestattet wird, und endlich, dass die Orgel nur für das in den Horen gesungene Te deum laudamus und für deutsche Gesänge der Kanoniker zugelassen wird, während ihr Gebrauch für die Messe, welche in der Schlosskirche, weil sie keine Parochialkirche war, nur ausnahmsweise bei Anwesenheit des

---

[5]) Erl. Ausg. 24, S. 375.
[6]) Opp. var. arg. V, S. 375.
[7]) Erl. Ausg. 10², S. 24—26.
[8]) Abgedr. in Zeitschrift für histor. Th. 1860, S. 455.

kurfürstlichen Hofes gefeiert werden durfte⁹), gänzlich verboten wurde. Fast könnte man vermuten, dass auch der Hauptgottesdienst der Pfarrkirche in Wittenberg damals kein Orgelspiel gehabt habe. Scheinbar wird diese Vermutung sehr verstärkt durch die Thatsachen, dass Luther niemals, auch nicht in seiner „formula missae" und in seiner „deutschen Messe", wo er doch den gesamten Gottesdienst ordnet, die Orgel für den Gottesdienst in Betracht zieht, dass er auch in seinen Vorreden zu den Gesangbüchern [10]) ganz von der Orgel schweigt. Dazu kommt, dass weder die Wittenberger K.-O. von 1533 [11]), die so ausführlich von der Ordnung der Gesänge redet und die einzelnen an den Festzeiten zu singenden Gesänge angiebt, noch die Wittenberger K.-O. von 1559 irgendwie die Orgel erwähnen. Dennoch würde man irren, wenn man keinerlei Verwendung der Orgel im Wittenberger Gottesdienste vermutete. Wir haben vielmehr ein bedeutsames Zeugnis, welches uns nicht nur den Gebrauch der Orgel für den Gottesdienst der Wittenberger Pfarrkirche im allgemeinen bezeugt, sondern uns auch ein klares Bild über ihre thatsächliche Verwendung giebt.

Wolfgang Musculus hat in seinem Itinerarium, das er auf der Reise zu den Wittenberger Konkordienverhandlungen i. J. 1536 niedergeschrieben hat, sowohl einen Gottesdienst in Eisenach (E) am Sonntage Cantate, als auch einen Gottesdienst in der Wittenberger Pfarrkirche (W) am Sonntage Exaudi sehr genau beschrieben. Kolde hat uns in seinen Analecta Lutherana dieses nach vielen Seiten wertvolle Dokument zugänglich gemacht. Wir drucken den Text beider Stücke fast vollständig unten ab, indem wir die für uns besonders bedeutsamen Stellen durch gesperrten Druck hervorheben [12]).

---

⁹) a. a. O. S. 453.
[10]) Wackernagel, a. a. O. S. 543 (8). 547 (14). 572 (37). 583 (48).
[11]) Richter, KOO. 1, 222 ff.
[12]) Anal. Luth. (ed. Kolde 1883) S. 217 ff. wird der Gottesdienst in Eisenach also beschrieben: Primum canebatur latine a pueris et ludi magistro Introitus nempe: „cantate Domino," per omnia more papistico seorsim in choro. Postea adjungebatur Kirie eleyson, ludente quodam alternis in organo. Tertio Minister quidam more papistico indutus, altari similiter adornato positis luminibus et aliis adstans canebat latine Gloria in excelsis Deo, quam cantionem explebant vicissim chorus et qui ludebat organis. Qua finita canebat minister collectam quandam, ut vocant, germanice verso ad altare vultu et tergo ad populum, cui subjungebat ad populum versus lectionem quandam ex Epistola Jacobi [die Epistel des Cantatesonntags], germanice. — Deinde rursus ludebatur in organis, succinente choro victimae paschali etc. populo vero intercinente: Christ ist erstanden. Sub haec canebat minister lectionem Evan-

Allerdings bietet der Text manche Schwierigkeiten für die Interpretation.

Alles kommt zunächst darauf an, dass wir das häufig wiederkehrende Wort „succinere" in seiner einzig hier zulässigen Bedeutung verstehen. Besteht hierüber noch der mindeste Zweifel, so bleibt die Frage, die für uns von Wichtigkeit ist, im Dunkeln.

genii germanice nempe: „Nunc vero vado ad eum, qui me misit" verso ad populum vultu. Post hanc lectionem ludebatur in organis, succinente ecclesia: wir glauben all in eynen Gott. — His ita peractis concionabatur Justus Menius sine aliqua praecipua veste vulgariter indutus. — Finita contione admonebat altaris minister Sacerdotaliter indutus ad orandum pro quibusdam necessitatibus specialiter recensitis, adjuncta christi promissione: „quicquid oraveritis patrem etc." Dein admonebat paucis de institutione Coenae, mox canebat verba coenae, primum de pane, sub quae panem elevabat omnino more papistico flexis a populo genibus, deinde calice, quem finitis christi verbis similiter elevabat. Quibus expletis ludebatur in organis et canebatur vicissim a choro: Agnus Dei et interea communicabatur.... Post Communionem canebat orationem quandam, verso vultu ad altare, qua finita populum dimittebat cum benedictione quadam decantata verso ad populum vultu. — Postremo omni abeunte populo canebat Chorus germanice: Da pacem Domine etc. atque finita erat ista actio. —

Der Gottesdienst in der Wittenberger Pfarrkirche am Sonntag Exaudi wird S. 226 ff. also beschrieben: Primum ludebatur Introitus in organis succinente choro latine, more sacrificorum atque interea e sacrario progrediebatur minister sacrificaliter indutus flexisque ante altare genubus cum adjuncto famulo aedituo confitebatur et post confessionem ad altare ascendebat, ad librum qui erat more papistico ad dexteram locatus. — Post introitum ludebatur in organis et vicissim canebatur a pueris kyrie eleyson, quo completo cantabat minister gloria in excelsis, quod canticum vicissim complebatur in organis et choro. Sub ista canebat minister in altari: Dominus vobiscum, respondebat chorus: et cum spiritu tuo. Subjungebatur collecta ejus diei latine, deinde succinebat Epistolam latine, post ludebatur in organis subjungente choro: Herr Gott vatter wohn uns bey etc., quo completo a ministro Evangelium ejus dominice in parte altaris sinistra, vt solent Pontificii idque latine. Postea ludebatur in organis et a choro subjungebatur: wir glauben all an oynen Gott, quam cantionem sequebatur Contio... Post contionem canebat chorus latine: Da pacem Domine, adjuncta a ministro altaris oratione de pace eaque latina... Sequebatur Communio, quam ordiebatur minister cum oratione dominica Germanice decantata. Deinde verba Coenae et ipsa germanice decantabat verso ad populum tergo, primum de pane, quem prolatis verbis mox elevabat cum sonitu tintinabuli, similiter et de calice, quem et ipsum elevabat cum sonitu tintinabuli. Confestim communicabatur.... Sub communione canebatur Agnus Dei latine.... Cantato Agnus Dei subjungebant germanicum canticum: Jesus Christus etc. Gott sey gelobet etc.... Communionem finiebat minister decantata Germanica quadam gratiarum actione, cui verso ad populum vultu benedictionem subjungebat cantando: Der herr erleucht sein angesicht vber euch etc. Atque ita finiebatur missa. — Im Text haben wir die Citate aus den Gottesdiensten durch E (Eisenach) und W (Wittenberg) bezeichnet.

Das Wort succinere (ὑπᾴδειν, opp. incinere) hat im klassischen Sprachgebrauche allerdings öfters die Bedeutung: „mit Gesang begleiten, akkompagnieren."[13]) Andrerseits bezeichnet es aber auch die zeitliche Folge des Gesangs „respondieren."[14]) Unser Text führt uns zunächst entschieden auf die zweite Bedeutung.

Mehrmals schreibt der Verfasser: „Sub haec (ista) canebat minister", wo es deutlich die Zeitfolge bezeichnet. Ebenso gebraucht er fünfmal abwechselnd mit succinere das Wort subjungere, das ja zweifellos die Zeitfolge ausdrückt. Dazu kommt, dass der Satz: „Deinde rursus ludebatur in organis succinente choro: victimae paschali etc." (E) bei der Übersetzung: „indem der Chor dazu sang" dem Chore nur die Bedeutung Begleiter der Orgel zu sein zuspräche, während doch umgekehrt die Orgel nur die Aufgabe haben könnte zur Begleitung des Gesanges zu dienen. Wenn der Verfasser an ein gleichzeitiges Singen und Spielen gedacht hätte, hätte er schreiben müssen: „Deinde cantabat chorus succinentibus organis." Das alles spricht entschieden dafür, dass hier ein Abwechseln von Orgel und Chor gemeint ist.

Entscheidend aber ist, dass im kirchlichen Sprachgebrauch succinere stets in prägnanter Weise als: „darnach singen" verwendet wird. Der Succentor wird von dem praecentor einerseits und dem concentor andrerseits ganz bestimmt geschieden.[15]) So ist zweifellos

---

[13]) Petron, Satir. 69, 4.

[14]) Calp. Sic. Ecl. 4, 79: cantibus iste tuis alterno succinet ore. Hor. Ep. 1, 17, 47 ff: „indotata — firmus" qui dicit, clamat: „victum date," succinit alter: „et mihi etc." (NB. schon Porphyrius erklärt hier: „subsequitur et canit" id est: „sequitur alter et petit." Besonders charakteristisch ist Varro, rer. rustic. 1, 2, 15: „aliud pastio et aliud agri cultura, sed adfinis, ut dextra tibia alia quam sinistra, ita ut tamen sit quodammodo conjuncta, quod est altera ejusdem carminis modorum incentiva altera succentiva. Et quidem licet adicias, inquam, pastorum vitam esse incentivam agricolarum succentivam, auctore doctissimo homine Dicaearcho, qui Graeciae vita qualis fuerit ab initio nobis ostendit, ut superioribus temporibus fuisse doceat, cum homines pastoriciam vitam agerent neque scirent etiam arare terram aut serere arbores aut putare; ab his inferiore gradu aetatis susceptum agriculturam quocirca ea succinit pastorali, quod est inferior, ut tibia sinistra a dextrae foraminibus. Die Citate verdanke ich meinem Kollegen Herrn Prof. Dr. Wachsmuth.

[15]) Joann. de Jan.: Succentor, qui in ecclesia post Praecentorem sive principalem cantorem subsequenter canendo respondet. Durandus, Rat. div. offic. II, 2, 1: Cantor vocatur, qui vocem modulatur in cantu, cujus duo sunt in arte musica genera, praecentor scilicet, et succentor. Praecentor vocem praemittit in cantu, succentor canendo subsequenter respondet. Concentor vero dicitur, qui consonat.

an unsrer Stelle die zeitliche Folge von Orgel und Gesang durch succinere ausgedrückt.

Wenn wir nunmehr den Anteil der Orgel am Gottesdienste auf Grund dieses Dokuments näher ins Auge fassen, so finden wir zunächst von den S. 18 genannten Stücken das Präludium, welches für den Chor wie für den Priester auf den rechten Einsatzton hinleitet. Der Introitus (W), das Kyrie (W), das Agnus Dei (E) wird mit Orgelpräludium begonnen. Den Chorgesängen victimae paschali (E) und Herr Gott Vater (W) geht Orgelspiel voraus, ebenso dem Liede: „Wir glauben all an einen Gott" (E. W).

Ferner finden wir ganz deutlich den auf S. 18 an dritter Stelle angeführten Wechsel von Chor und Orgel. Der Introitus wird in E erst von der Orgel gespielt (oder angestimmt), dann vom Chor gesungen. Das Kyrie eleison wird wechselweise von Orgel und Chor übernommen (E. W),[16]) das gleiche gilt von der Fortsetzung des Gloria in excelsis deo (E. W), welches der Geistliche anstimmt;[17]) in gleicher Weise wird (nach E) das Agnus Dei zur Ausführung gebracht.

Was aber die Orgel als Begleiterin des Gesanges betrifft, so finden wir davon in unserm Berichte nichts. Das öfters wiederkehrende succinere und subjungere zeigt überall, dass der Chor ganz allein nach dem Orgelspiele singt. Auch der Gesang des Geistlichen bei der Epistel, dem Evangelium, den Kollekten wird nicht von der Orgel begleitet.

Aber ebensowenig begleitet die Orgel den Gemeindegesang. Ausdrücklich heisst es in E: „Post hanc lectionem ludebatur in organis, succinente Ecclesia: Wir glauben all etc." und in W: „Postea ludebatur in organis et a choro subjungebatur: Wir glauben all etc."[18])

---

[16]) In E ist das ganz klar: „subjungebatur K. e. ludente quodam alternis in organo." Die Schilderung in W: „Post introitum ludebatur in organis et vicissim canebatur a pueris K. e." lässt es zunächst ja unentschieden, ob das vicissim nur auf das Vorausgehende oder auf den Wechsel im Kyrie geht. Letzteres ist nach E anzunehmen.

[17]) Natürlich wurde auch das Laudamus te etc. zu dem Gloria in excelsis hinzugefügt, das ja sowieso als Wechselgesang zweier Chöre gedacht ist (s. Sellst, der kath. K.-Gesang, S. 215). Die alleinige Ergänzung des weihnachtlichen Engelgesangs hätte keine Abwechslung zwischen Chor und Orgel zugelassen.

[18]) Eigentümlich ist es, dass nach dem Berichte in E die Gemeinde, in W dagegen der Chor allein das Lied singt: „Wir glauben all etc." Fast möchte man das letztere für einen lapsus calami vel memoriae des Berichterstatters halten, zumal da die Wittenb. KO. von 1533 (Richter 1, S. 223) ausdrücklich bestimmt: „Darauf singen die Schüler patrem lateinisch, alsdann mit dem Volk: Wir glauben all an einen Gott." Oder hat vielleicht in W die Gemeinde auf das Mitsingen allzusehr verzichtet, so dass es dem Musculus als Chorgesang erschien?

Interessant ist auch der Bericht E über den nach der Epistel eingefügten Gradualgesang. Voraus geht Orgelspiel als Präludium, dann singen abwechselnd Chor und Gemeinde, indem auf je einen Vers der vom Chor gesungenen Sequenz „Victimae paschali" je ein Vers des Liedes „Christ ist erstanden" ohne Orgelbegleitung gesungen wird. Diese Form, die wir in Eisenach finden, steht in damaliger Zeit durchaus nicht vereinzelt da.[19])

Das erörterte Dokument ist für uns von ganz besonderem Werte, weil es uns wirklich positiv das beschreibt, was die Orgel in der durch die Reformation gereinigten Messe zu thun hatte.

Durchaus negativ fällt die Untersuchung aus, wenn wir die Dokumente des Reformationsjahrhunderts ins Auge fassen, welche das deutsche evangelische Kirchenlied berücksichtigen. Wenn wir von unsrer jetzt bestehenden innigen Verbindung des Gemeindegesangs und der Orgel aus das neu entstandene Kirchenlied betrachten, so müssten wir folgern, dass der Orgel, welche bis zur Reformation nur dem Kunstgesange zur Seite getreten war oder selbständig einzelne Messstücke ausgeführt hatte, die ganz neue ungeahnte Aufgabe erwachsen sei, dem Gemeindegesange zu dienen. Man müsste unter dieser Voraussetzung vermuten, dass diesem Gedanken vor allem auch in den neu entstehenden Gesangbüchern ein beredter Ausdruck gegeben werde. Wir finden während des ganzen 16. Jahrhunderts nichts von solchen Hinweisen. Die reiche Sammlung der Gesangbuchsvorreden aus dem 16. Jahrhundert, die uns Wackernagel in

---

[19]) Die Wittenb. KO. von 1533 bestimmt ebenfalls: „Auf Weihnachten bis auf Purificationis soll man den Sequentz Grates nunc omnes, den ersten vers dreymal vnd den letzten einmal singen, auch darunter ordenlich mit einteilen die verse vom gesang Gelobet seistu Jesu Christ, dass sie gleich zusammen auskommen. Auff Ostern vnd bis auf Ascensionis domini [NB. dies traf am Sonntage Cantate in Eisenach zu] soll man nach dem Alleluja singen Victimae paschali, vnd darunter Christ lag in todes panden, verss vnd verss, so kombts bedes gleich aus. Auff Pfingsten den Sequentz Veni sancte spiritus mit dem gesang Nue bitten wir den heiligen geist, wie oben vermeldet." (Richter a. a. O. S. 223.), vgl. auch die Schleswig-Holstein'sche KO. v. 1542: Von Weihnachten bis Lichtmesse soll als Sequenz gesungen werden: Grates nunc omnes „mit synem düdeschen Gesange." Von Ostern bis zu Pfingsten Victimae Paschali „mit synem düdeschen Gesange;" desgl. zu Pfingsten Veni sancte Sp. „mit synem düdeschen Gesange." Diese Art und Weise der Ausführung war eine ziemlich gebräuchliche im 15. Jahrh. In der Crailsheimer Schulordnung von 1480 (neu publiziert von Crecelius in Birlinger's Alemannia III, 3) heisst es: „Item circa alia festa resurreccionis, ascensionis et corporis Christi habentur plures canciones convenientes cum sequenciis; videlicet in sequencias „Victime paschali laudes", „Christ ist erstanden" circa quoslibet duos versus etc. regulariter fit. Vel aliud „Surrexit Christus hodie alleluja etc." vulgus: „Erstanden ist der heilig Christ alleluja etc." vgl. auch Witzel, Psaltes eccles. f. 31. Bäumker, das kath. deutsch. K.L. II, S. 12.

seiner „Bibliographie zur Geschichte des deutschen Kirchenliedes des 16. Jahrhunderts" gegeben hat, bringt nach dieser Richtung gar keinen Anhalt. Wir werden im Gegenteil aus manchem schliessen können, dass die Lieder gar nicht für den Gesang mit Orgelbegleitung gedacht sind.

Die Orgel war mit dem kirchlichen Kunstgesange eng verknüpft. Die neuen Lieder waren zunächst dem Volke zum Singen gegeben, es waren meist Melodien von Volksliedern und weltlichen Gedichten, denen ein neuer Text untergelegt war, welcher den neuerworbenen Glauben bekennt; es waren Volksgesänge. Sehr häufig kehrt in den Vorreden der Gedanke wieder, dass diese Lieder geboten werden für den Gesang im täglichen Leben im Hause, bei der Arbeit, in der Kinderstube, auf der Wanderschaft etc.; [20]) sie sollen an Stelle der unflätigen und leichtfertigen Lieder treten, die das Volk singt. [21]) Durch das Haus, in dem sie im Kreise der Familie eingeübt werden, halten sie dann ihren Einzug in die Kirche. [22]) Es werden gerade diese Lieder und ihr Gesang im Gegensatze zu dem Kunstgesange in der Kirche und zu den Instrumenten und Orgeln genannt. „So lass sie doch nun," so schreibt Katharina Zell in der Vorrede zu ihrem Gesangbüchlein von 1534, „göttliche Lieder singen, darin sie ermahnt werden, Erkenntnis ihres Heils zu suchen, und lehre dein Kind und Gesinde, dass sie wissen, dass sie nicht den Menschen, sondern Gott dienen. So sei treulich (im Glauben), Haushalten, Gehorsamen, Kochen, Schüsseln waschen, Kinder wischen und warten und dergleichen Werk, so zum menschlichen Leben dienen und sich in denselben Werken mögen zu Gott kehren. Auch mit der Stimme des Gesangs, dass sie darinnen viel besser Gott gefallen, denn kein Pfaffe, Mönch oder Klosterfrau in ihrem unverständigen Chorgesange, wie man auch etwa thörichte Andacht gehabt hat des unnützen Kindelwiegens auf der Orgel. Eine arme Mutter, so gern schliefe, und aber zu Mitternacht muss das weinende Kindlein wiegen, ihm also ein Lied von göttlichen Dingen singt: das heisset und ist das rechte Kindelwiegen (so es geschieht im Glauben), das gefällt Gott: und nicht die Orgel und Orgler. Er ist kein Kind, brauchst ihn nicht geschweigen mit Pfeifen und Singen, sondern dich selbst. Er erfordert ein anderes als der seligen sieben Zeiten: Mess, Vesper und Metten, so also gesungen werden etc." [23]) Selnecker rühmt in dem Vorworte zu seinem Werke: „Der gantze Psal-

---

[20]) z. B. a. a. O. SS. 546 (12). 550 (19). 554 (22). 577 (41). 585 (49). 600 (58). 601 (61). 608 (67). 635 (77). 637 f. (79). 639 (8). 640 (82). 644 (85). 645 (86). 659 (92).
[21]) SS. 567 (34). 584 f. (49). 608 ff. (67). 640 (81). 641 (82). 644 (85). 658 (92).
[22]) SS. 578 (42). 600 (58). 659 (92). 683 (100).
[23]) S. 554 (22).

ter etc."‚: „Zwar es ist noch fein, andächtig und lieblich, wenn man in den Kirchen eine feine Musicam hält, Figural und Choral, Orgeln und andere Instrumente, und damit das Herz ermuntert und erfreuet, desto lieber mit rechter Lust ein Aufmerken und Nachdenken zu haben." Sodann aber stellt er in Gegensatz zu dieser Musik, die vielfach verderbt ist, den Segen der Lieder, die alle singen können. „Denn eine gute Melodei und schöner Text erfrischet Leib und Seel und ist ein Organum oder Instrument, das der heilige Geist brauchet, die Herzen damit zu erfrischen und zu trösten etc."[24]) Jedenfalls ergiebt diese ganze Litteratur des 16. Jahrhunderts nichts für die Annahme, dass die Orgel die Lieder im Gottesdienste begleitet habe.

Fragen wir ferner die Kirchenordnungen des 16. Jahrhunderts, so ist es verwunderlich, wie wenig uns über die Orgel und ihre Aufgabe für den Gottesdienst berichtet wird. In sehr vielen KOO. wird die Orgel bei der Beschreibung des Gottesdienstes, auch wenn ausführlich über die Ausführung der Gesänge gehandelt wird, gar nicht erwähnt.[25]) Man wird allerdings daraus nicht schliessen dürfen, dass ihre Verwendung bei dem Gottesdienste völlig unterlassen worden sei. Das Gegenteil hat sich uns oben bei Wittenberg ergeben, während ja auch die Wittenberger KOO. von 1533 und 1559 nichts von der Orgel erwähnen.[26])

Andere KOO. treten für die rechte Anwendung der Orgel mit grösserer oder geringerer Wärme ein, wobei aber stets vor dem Missbrauche gewarnt wird. So z. B. die Braunschw. KO. von 1528:[27]) „Dieweil auch nicht unchristlich ist Orgelspiel, wie im Psalter steht, wenn man nicht Buhllieder, sondern Psalmen und geistliche Gesänge spielet, soll eine jegliche Kirche ihrem Organisten etlichen Lohn zusagen." Die Bremer KO. von 1534:[28]) „Orgeln und Musik, die frei sind, weder geboten noch verboten, mag man gebrauchen, nicht darum, Gott damit einen Dienst zu leisten und Abgötterei zu stärken und den rechten Gottesdienst zu hindern, wie die Papisten thun, sondern als eine Trompete oder sonst ein Geschrei, dadurch die Menschen beweget werden und Ursach überkommen zum Bitten und fleissigen Anhören des Wortes Gottes." Die Strassb.

---

[24]) S. 637 f. (79), vgl. auch 614 (70). 641 (82).
[25]) z. B. Wittenberg 1533. Brandenb.-Nürnb. 1533. Herzog Heinrich 1539. Nordheim 1539. Brandenb. 1540. Preussen 1540. Mecklenburg 1552. Ottheinrich 1556. Wittenberg 1559. Rothenburg a. T. 1559. Worms 1560. Hessen 1566. Liegnitz 1594. Lützelstein 1605. Magdeb.-Halberst. 1632.
[26]) s. oben S. 19.
[27]) Richter I, S. 113.
[28]) Neudruck von Iken S. 71.

KO. von 1598:[29]) „Gleich wie wir nicht billigen könnten noch sollen den vielfältigen Missbrauch, welcher in dem Papsttum mit dem Gesange und den Orgeln getrieben worden, also könnten wir auch derjenigen Fürnehmen nicht loben noch gut heissen, welche den Gesang und das Orgeln als eitel päpstischen Sauerteig aus der Kirchen allerdings ausmustern. — Jedoch soll allewege dahin gesehen werden, dass solche Figuralmusik und das Orgeln weder den gemeinen Gesang der ganzen Kirche, noch den übrigen Gottesdienst mit Predigen und Beten verhindern und zu lang aufhalten."

Über die Anstellung und Besoldung der Organisten finden sich daher auch mannigfache Bestimmungen. Es spricht sich in denselben aber fast immer der Gedanke aus, dass das Amt nicht notwendig zum Gottesdienste gehört und nur ein nebensächliches ist. Das Gehalt ist mässig bemessen. Hamburg hat (1529) vier Organisten für seine Hauptkirchen, deren jeder jährlich 50 Mark erhält. Sie werden mit ihren Frauen auf Nebenerwerb gewiesen, besonders auf Unterricht im Orgelspiel.[30]) Ähnlich ist es in Lübeck 1531.[31]) In der Pommerschen KO. von 1535 heisst es:[32]) „Organisten sollen in grossen Städten gehalten werden und ehrlich besoldet, zu Ehren der Musik, damit sie nicht untergehen. Was sie aber nicht genug kriegen, mögen sie durch andere Nahrung erlangen. Wo man das aber nicht vermag, ist es nicht ein nötiger Gottesdienst." In der Pommerschen KO. von 1563 ist zwar der letztere Satz weggelassen. Dennoch werden auch hier die Organisten auf Nebenerwerb durch Gerichtsschreiberei und Schulehalten gewiesen.[33]) Hildesheim (1544) bestimmt, dass für seine drei Pfarrkirchen zusammen nur ein Organist angestellt werde „zu Ehren und zum Dienste der Kunst Musica, sonderlich wenn unsere Kinder in figurativis singen, in etlichen Kirchen, mehr in etlichen geringer." Der Organist soll alle Sonntage (ausser der Fastenzeit) nach dem Willen des Pastors in den Kirchen umschichtig (vmmeschicht) spielen.[34]) Es scheint besonders nötig gewesen zu sein, dass den Organisten ein ordentlicher Lebenswandel eingeschärft wird.[35])

[29]) S. 139 (bei Richter nicht ausgedruckt). Dieselben Erörterungen finden sich fast wörtlich z. B. in der Coburg'schen KO. (Johann Casimir) von 1626 S. 14 f. (s. weiter unten im Text S. 48.) Ähnlich in der KO. von Rothenburg a. T. v. 1668 S. 188.
[30]) Richter I, S. 131. Neudruck von Bertheau S. 82.
[31]) Neudruck 1877 S. 142.
[32]) Richter I, S. 252.
[33]) Richter II, S. 246.
[34]) Hildesh. KO. 1544 C. IIII.
[35]) Hamburg 1529 (Richter I, S. 131). Hildesheim 1544: „He schal eerlick Huss-

Was war aber der Organisten Aufgabe im Gottesdienste? Haben sie den Gemeindegesang begleitet? Nirgends finden wir irgend welche darauf bezügliche Andeutung. Die Thatsache, dass z. B., wie oben bemerkt, in Hildesheim nur ein Organist für alle Kirchen vorhanden ist, der an den Sonntagen abwechselt, um den Figuralgesang zu unterstützen, ohne dass auch nur eine Andeutung gegeben ist, wie es mit dem Gemeindegesange bei diesem Wechsel gehalten werden soll, legt es schon nahe, dass der letztere ganz unabhängig vom Orgelspiele war. Ja, ausdrücklich heisst es in dieser Kirchenordnung, dass in der Messe dem Organisten nicht viel Raum zum Spielen vergönnt werde, damit die Predigt nicht verhindert werde, und „damit die Laien Zeit haben, da mit deutschem Gesange Christum zu loben." Die Gemeindegesänge werden also als selbständige Stücke neben dem Orgelspiele genannt, denen ihr wichtiges Recht gewahrt werden soll.[36]) Die Orgel hatte ihre Stelle wie in der römischen Kirche bei dem figurierten Chorgesange. Das wird ausdrücklich in dieser Kirchenordnung hervorgehoben.

In der Braunschw. KO. von 1528 heisst es in dem Abschnitte: „Von den Cantoren und Schulen":[37]) „Zwei Cantica und zum höchsten drei in figurativis auf einmal zu singen ist genug, neben dem Orgeln, dass man das nicht müde werde und Ungeschickung anrichte." In der Mette am Sonntag Morgen soll das Te deum laudamus lateinisch gesungen werden, „das mag man auch zu etlichen Zeiten auf den Orgeln schlagen, als auch zur Vesper den Hymnum und Magnificat. Nach dem Gesange sollen die Kinder Raum haben vor der Messe [dem Hauptgottesdienste] ein wenig herum zu gehen. Darum muss man das Te deum auf den Orgeln nicht lang schlagen, sonderlich des Winters." Für die Sonntagsvesper wird angeordnet: Die Kinder sollen erst einen Psalm lateinisch singen, worauf die Lektion folgt. „Bald nach der Lektion sollen die Laien und die Schüler eins ums andere singen ein deutsches Lied, oder einen

---

holden. Horen volck wille wy nicht liden." Nach der Pommerschen KO. v. 1563 (Richter II, S. 246) sollen die Organisten geloben gehorsam zu sein „vnd nicht uth thoreisen, ohne des Pastoris willen."

[36]) Kliefoth berichtet (Liturg. Abh. VII, S. 281) aus der Hildesh. KO.: „Der Organist sollte nur an hohen Festen und diversen Sonntagen mit der Orgel Vers um Vers begleiten." Davon steht nichts in der auch von Kliefoth benutzten Originalausgabe. Kliefoth scheint das oben von uns auch erwähnte „vmmeschicht spelen" des Organisten auf die Gesangbegleitung bezogen zu haben. Zweifellos geht dies Wort aber dort nur auf den Wechsel in den Kirchen. Erst im folgenden Absatze werden die Anordnungen gegeben, wie das Orgelspiel zu geschehen habe.

[37]) Bei Richter nicht ausgedruckt.

deutschen Psalm, darauf soll folgen die Predigt. — Wenn nun die Predigt unter der Vesper aus ist, so soll man wieder ein deutsches Lied singen, nach dem Gebete. Damit gehet das meiste Volk weg. So sollen die Kinder den Hymnum und Magnificat etc. fortan singen, dazu mag man auf der Orgel schlagen."

Alle die angeführten Stücke, bei denen die Orgel als mitwirkend genannt ist, sind Chorgesänge, wobei auch noch der Orgel eine selbständige Ausführung z. B. des Tedeums neben dem Chore zuerteilt zu sein scheint. Bei den deutschen Liedern der Gemeinde, die auch im Wechselgesange Vers um Vers von Chor und Gemeinde gesungen werden, schweigt die Orgel, denn es wäre ganz unverständlich, wenn ihre Mitwirkung gerade in den Stücken, die neu in den Gottesdienst getreten waren, nicht ausdrücklich erwähnt würde.

Sehr häufig finden sich auch Anweisungen darüber, wie die Gesänge den Gemeindegliedern vertraut gemacht werden sollen. Es wird eingeschärft. „Wo aber das Volk solchen Gesang nicht könnte, sollens die Pfarrer anrichten zu erlernen."[38]) „Vor allen Dingen aber sollen fleissig in den Kirchen behalten und geübt werden die deutschen geistlichen Psalmen und Gesänge Doctoris Martini, darinnen man den ganzen Katechismus hat mit seiner Auslegung; dieselbigen soll man fein in den Kirchen mit dem Volke üben, auch dazu vermahnen, dass ein jeder Hausvater sein Weib und Kinder samt dem Gesinde dieselbigen lasse lernen in der Kirchen und sonst, wo sie an ihrer Arbeit sind, gern singen."[39]) Die uns so naheliegende Aufgabe der Orgel für diese Einübung wird nicht erwähnt.

In der KO. für Neuen-Rade vom Jahre 1564 werden die vor dem Gottesdienste zu singenden Lieder angeführt. Darauf heisst es: „An diesen ist es genug, die der Chor langsam und deutlich singen soll, dass sie das Volk durch blosses Anhören und aus Gewohnheit lerne und mitsingen könne."[40]) Hier ist also der Chor nicht nur Lehrer des Textes, sondern auch allein Lehrer und Leiter der Melodie.

In der Braunschw.-Lüneb. KO. von 1564 und 1569 wird nach der Angabe der deutschen Lieder, welche auf die Festtage gesungen werden (Weihnachten: Ein Kindelein so löbelich; Ostern: Christ ist erstanden; Pfingsten: Nun bitten wir den heiligen Geist) fortgefahren: „Und sollen auch diese Gesänge die Prediger von der Kanzel, wenn sie die Predigt anfangen, mit

---

[38]) Brandenb.-Nürnb. KO. L² (bei Richter nicht ausgedruckt).
[39]) KO. für Steuerwolt und Peine 1561, E. III.
[40]) Wackernagel, Bibliographie S. 622, vgl. S. 330.

dem Volke singen." Auch hier ist nichts von der Leitung durch die Orgel erwähnt. Dagegen wird für die Sonnabendvesper unter anderem für den Chor das Magnificat angeordnet „bisweilen lateinisch, bisweilen deutsch, und da Orgeln sind, ein Vers um den andern auf der Orgel geschlagen" — also hier Wechsel von Chor und Orgel, wie wir ihn schon kennen gelernt haben.

Die Henneberg'sche KO. von 1582 bestimmt in der Gottesdienstordnung: „Ein Stück oder Motetten nach Gelegenheit der Zeit oder sonst gesungen. Darnach, wo eine Orgel vorhanden, dasselbe oder ein anderes geschlagen. Oder aber erstlich auf der Orgel geschlagen und darnach figuraliter gesungen, und nachmals ein deutscher Gesang oder Psalm von der Zeit, oder wie sichs sonsten schicken würde, mit der ganzen Gemeinde gesungen." Hier ist sowohl Orgel, als Figuralgesang und Gemeindegesang geschieden.

Ebenso ist in der Hohenlohe'schen KO. von 1577 bestimmt: „Dieweil aber bisher in der Stadt Öringen der löbliche Brauch gehalten, dass die lateinischen Schuldiener und Schulen bald anfangs alle und jeden Sonntag ein Stück Figural gesungen, darauf die Orgel respondieret, soll es billig hinfüro auch also gehalten werden." Vorher und nachher sind die „deutschen Psalmen" der Gemeinde genannt, ohne dass der Orgel irgendwie Erwähnung geschieht.

Lehrreich ist besonders die KO. von Strassburg von 1598. Nachdem der rechte Gebrauch der Orgeln im Unterschied von dem päpstlichen Missbrauch verteidigt ist, heisst es: „Was aber die Musicam figuratam und die Orgeln anbelanget, bringet es die Erfahrung selbst mit, dass dadurch der Zuhörenden Herzen und Gemüter ermuntert und erfrischet werden, Gott den Herrn auch mit ihrem Mund und Gesang desto fröhlicher zu loben und zu preisen." Man beachte, dass Orgelspiel und Figuralgesang hier zunächst eng verbunden und beide nur als für Hörer bestimmte Stücke des Gottesdienstes genannt werden. Dann fährt der Text fort: „Jedoch soll in allewege dahin gesehen werden, dass solche figurata Musica und das Orgeln weder das gemeine Gesang der ganzen Kirchen noch den übrigen Gottesdienst mit Predigen und Beten verhindere und zu lang aufhalte. Darum, wenn man die Musicam figuratam und die Orgel gebrauchen will, soll es folgender Gestalt gehalten werden: Erstlich, dass der Organist bei Zeiten anfange, zu Ende des letzten Läutens, alsbald eine ziemliche Gemeine versammelt ist. Wie denn desgleichen die Sänger in allen andern Predigten auch thun sollen, wenn schon nicht georgelt oder figuriert wird.

Zum anderen, dass er vor und unter dem Gesange der Kirchen nicht fremde Stücke und Motetten schlage, sondern eben dasjenige, was hernach die Gemeine singen soll. Damit sich auch das Orgeln und Singen nicht zu lang verziehe, soll er, nachdem er intonieret, nicht über ein oder zweimal unter das Gesang der Kirchen schlagen, sondern derselben ihre Zeit lassen, ihr Gesang mit gemeiner Stimme und Andacht zu verrichten." Darauf wird noch den Organisten gestattet, am Schlusse des Gottesdienstes nach dem Segen und der Entlassung der Gemeinde auch andere Stücke zu schlagen oder auch lateinische Motetten singen zu lassen.

Wir finden also zunächst das Orgelpräludium. Was soll aber das ebenfalls erwähnte „Schlagen der Orgel unter das Gesang (= das Singen) der Gemeinde" bedeuten? Ist das Orgelbegleitung, wie es Kliefoth[41]) versteht? Ganz entschieden nicht.

Warum wird dem Organisten dieses Schlagen nur ein oder höchstens zweimal gestattet? Damit das Orgeln nicht zu lang ausgedehnt und der Gemeinde Zeit gelassen werde, ihren Gesang auszuführen. Diese Begründung hat keinen Sinn bei einem gleichzeitigen Singen und Orgelspielen. Auch heisst es, er solle „vor und unter das Gesang nicht fremde Stücke und Motetten schlagen." Das Verbotene könnte doch überhaupt nur ausführbar sein, wenn die Gemeinde bei dieser ganz andern Melodie zu singen aufhört. Ferner: er soll „vorher und unter das Gesang eben das schlagen, was hernach die Gemeinde singen soll."

So ist es ganz klar, dass in dem ersten Falle der Organist die nachher zu singende Melodie spielen soll,[42]) dass er aber auch ein oder höchstens zweimal den Gesang unterbrechen darf, um die Melodie eines Verses allein zu spielen. Das darf nicht zu oft geschehen, da der Gemeinde Zeit gelassen werden soll, ihr Gesang = ihr Singen gemeinsam und andächtig zu verrichten. „Unter das Gesang schlagen" heisst also zwischen das Singen der Gemeinde hinein ein Orgelspiel fügen. Aus dem folgenden wird es noch klarer. Die genannte KO. bespricht da die Frage, ob denn überhaupt die Gesänge, welche das Volk singt, geteilt werden sollen, „dass

---

[41]) Liturg. Abhandl. VII, S. 280.
[42]) Dieses Vorspielen der Orgel hatte auch noch seine besondere praktische Bedeutung. Eingeführte Gemeindegesangbücher und Liedertafeln gab es damals noch nicht. Erst später werden die Anfänge (nicht Nummern) der Lieder an einer Tafel angezeigt. Bei dem kleinen Kreise der damals im Gottesdienste gebräuchlichen Lieder war die Melodie, die von der Orgel vorgespielt wurde, die einfachste und würdigste Angabe des zu singenden Liedes.

entweder der Organist dazwischen schlägt, oder ein Teil bis nach der Predigt gesparet würde." Es wird vorgeschlagen, die Gesänge also zu teilen, dass „was den Verstand und Inhalt nach zusammen gehöret, bei einander bleiben und nicht mehr von einander gerissen werde." Es wird ein Gesangbuch zu allgemeinem Gebrauche für die Zukunft vorgesehen, in dem durch Zeichen diese mögliche Unterbrechung in Betracht gezogen werden soll, damit das dem Sinne nach Zusammengehörige nicht zerrissen werde. Das alles beweist, dass hier noch am Ende des Jahrhunderts von einer Begleitung des Gemeindegesangs durch die Orgel nicht die Rede ist.

Erst nach dieser durchaus unzweideutigen Darlegung der Strassburger KO. am Ende des Jahrh. werden wir auch die interessanten Ausführungen der Pommerschen KO. von 1535 recht verstehen. Dort heisst es von der Sonnabendvesper, wie in der Braunschweiger KO: „Wo Orgeln sind, soll der Organist nach der Psalmodie auf der Orgel sein und schlagen zum Responsorium, Hymnus und Magnificat." — Bei der Kommunion aber heisst es: „Wenn diese Gesänge (Jesus Christus unser Heiland, Gott sei gelobet, O Lamm Gottes) unter der Kommunion gesungen werden, sollen die Organisten ihren Gesang mit der Orgel desto kürzer machen und keine weltlichen, leichtfertigen Gesänge schlagen. Der Pastor soll verschaffen, dass die Orgeln dermassen moderieret werden, dass man die deutschen Psalmen unter der Kommunion mit der ganzen Gemeinde ganz zu Ende singe, und dass die vorgesetzten Gesänge umschichtlich gesungen werden, dass das Chor und das Volk einen Vers um den anderen singe, auf dass sie alle zugleich den Schulen und der Gemeinde gebräuchlich werden. Desswegen kann der Organist einmal zum Anfange, einmal in der Mitte nach Gelegenheit, einmal zum Ende vor der Kollekte orgeln."

Daraus geht hervor, dass hier Orgel, Chor und Gemeinde gesonderte Aufgaben haben. Die Orgel präludiert, Chor und Gemeinde singen abwechselnd Vers um Vers die vollständigen Lieder; die Orgel leitet vom Gesange zur Kollekte über. Ausserdem ist es ihr gestattet, dazwischen einmal nach Gelegenheit den Gesang unterbrechend (wie in Strassburg) zu spielen. Von Begleitung des Gemeindegesangs ist auch hier nicht die Rede. Das ergiebt sich auch daraus, dass in der Sonntagsvesper ebenfalls beim Gesange der deutschen Psalmen (d. h. unserer Choräle) „allerwege die Gemeinde mit dem Chore einen Vers um den andern Vers singen soll. Und soll der Küster mit etlichen Knaben dem Volke helfen." Von der Hilfe seitens der Orgel ist nicht die Rede. Dagegen wird in den Gottesdiensten an den Werkeltagen in den Städten dem Organisten erlaubt, das Benediktus zu orgeln, das der Chor zu singen hat.

Die Vermutung, die Winterfeld[43]) ausspricht, dass zwischen Orgelspiel und Kirchengesang der Gemeinde im 16. Jahrhundert nicht das gegenwärtig bestehende Verhältnis stattgefunden habe, bestätigt sich durchaus, wenn man die KOO. jenes Jahrhunderts fragt. Mit Recht fügt Winterfeld hinzu: „Hätte die Orgel nicht noch in der ersten Hälfte des 16. Jahrhunderts, wie vor der Kirchenverbesserung, allein zur Begleitung des Kunstgesanges und für selbständige Leistungen des Organisten gedient, wäre sie damals schon bei dem Gesange der Gemeine angewendet worden, ihn zu leiten, zu verstärken, so würden jene schwärmenden Bilder- und Kirchenstürmer nicht gegen sie gewütet und mit den Werken bildender Kunst auch die schönsten Werke dieser Art zerstört haben." Hieraus erklärt sich auch die Kühle und Zurückhaltung, mit der Luther und die lutherische Kirche der Orgel gegenüberstanden. Der neugewonnene Schatz für den evangelischen Gottesdienst waren die Gemeindelieder. Sie traten neben dem Orgelspiele und dem Figuralgesange und deren beider Verbindung in den Gottesdienst. Ohne diese letzteren zu verdrängen musste für jene der Raum gewonnen und dem Missbrauch der Orgel und des Kunstgesangs gesteuert werden. Hätte man daran gedacht, den Gemeindegesang durch die Orgel zu unterstützen, so hätte diese letztere eine ganz neue, besondere Bedeutung erlangt, so dass zweifellos der ganz verschiedene Gebrauch der Orgel unter dem Papsttum einerseits und in dem evangelischen Gottesdienste andrerseits vor allem stets betont worden wäre. Schon das absolute Schweigen über die Orgel in einer grossen Zahl von Kirchenordnungen, zumal bei Darlegung der Gottesdienstordnung, die öftere Hervorhebung, dass der Kunst Musika zu Ehren die Orgel zugelassen wird, zeigt, dass sie dem Kunstgesange und nicht dem Gemeindegesange gedient haben wird, auch wenn uns die oben angeführten positiven Nachweise abgingen.

Dazu tritt aber noch ein wichtiger musikalischer Indicienbeweis, auf den schon Winterfeld hingewiesen hat.

Es steht ja zweifellos fest, dass in der Reformationszeit bei den vierstimmig gesetzten neuen Chorälen, die der Chor sang, nicht der Diskant wie bei uns, sondern eine Mittelstimme, der „Tenor" die leitende Melodie,

---

[43]) S. oben S. 2 f.

den cantus firmus inne hatte.⁴⁴) Die andern Stimmen legten sich um diese leitende Mittelstimme herum und bewegten sich in freier Gestaltung nach kontrapunktischen Gesetzen über und unter dem Tenor, so dass jedes einzelne Glied, für sich melodisch, zugleich für das Ganze ein Teil der harmonischen Entfaltung war. Luther selbst hat besondere Freude an dieser Gesangsweise gehabt. Man vergleiche sein schönes Wort: „Wo die natürliche Musica durch die Kunst geschärft und poliert wird, da siehet und erkennet man erst zum Teil (denn gänzlich kann's nicht begriffen noch verstanden werden) mit grosser Verwunderung die grosse und vollkommene Weisheit Gottes in seinem wunderlichen Werk der Musica, in welcher vor allem das seltsam und wohl zu verwundern ist, dass einer eine schlechte Weise oder Tenor (wie es die Musici heissen) her singet, neben welcher drei, vier oder fünf andere Stimmen auch gesungen werden, die um solche schlechte Weise oder Tenor, gleich als mit Jauchzen rings umher um solchen Tenor spielen und springen und mit mancherlei Art und Klang dieselbige Weise wunderbarlich zieren und schmücken, und gleichwie einen himmlischen Tanzreigen führen, also dass diejenigen, so solches ein wenig verstehen und dadurch beweget werden, sich des heftig verwundern müssen, und meinen, dass nichts Seltsameres in der Welt sei, denn ein solcher Gesang mit viel Stimmen geschmücket. Wer aber dazu keine Lust noch Liebe hat, und durch solch lieblich Wunderwerk nicht beweget wird, der muss wahrlich ein grober Klotz sein, der nicht wert ist, dass er solche liebliche Musica höre." ⁴⁵)

---

⁴⁴) Daher der Name „Tenor", dem eine höhere Stimme (Altus), eine noch höhere (Superius, Sopran) und eine tiefere (Bassus) beigefügt wurde.

⁴⁵) Dieses Wort ist aus dem Vorworte, welches Johann Walther im Jahre 1564 der zweiten Auflage seiner Schrift: „Lob und Preis der himmlischen Kunst MVSICA" als „eine herrliche schöne Vorrede des seligen treuen Mannes Doctoris Martini Lutheri, vormals deudsch im Druck nihe ausgangen" vorausgeschickt hat. Dieselbe findet sich bereits bei N. Forkel, Geschichte der Musik (S. 76—79) unter der Überschrift „Encomion Musices" abgedruckt. Auch J. Rambach in seiner Schrift: Über D. M. L.'s Verdienst um den K.-Gesang (Anhang S. 84—90) führt es an. Ebenso Koch, Gesch. des Kirchenlieds u. Kirchengesangs 3. Aufl. I, S. 457 f. — Im Jahre 1883 veröffentlichte das ganze Vorwort H. Holstein in den Grenzboten (III, S. 77 ff.): „Eine unbekannte Schrift Luther's über die Musik", und wies zum ersten Male nach, woher es stammt. Im lateinischen Text (von dem allerdings der deutsche Text etwas abweicht) war es in Buddei Supplementum Epist. Marth. Luth. p. 327 enthalten als „Praefatio Lutheri in Harmonias de passione Christi," ohne dass man das Original nachweisen konnte (abgedruckt in Erl. Opp. var. arg. VII, S. 551.) Walch giebt (Opp. Luth. T. XIV, p. 407) eine von Greif danach gelieferte Übersetzung. Holstein hält den deutschen Text zweifellos für das Original, von dem der lateinische Text eine Übersetzung Melanchthon's sei. Allerdings trägt dieser deutsche Text viel mehr Luther's Eigen-

In dem Wittenberger Gesangbüchlein von 1524, das eine gemeinsame Arbeit Luther's und des Kantors Johann Walther in Torgau ist, sind die Melodien in vier und fünf Stimmen in dieser damals üblichen Weise gesetzt. Doch finden sich unter 38 Gesängen 2, in den späteren Ausgaben unter 78 Gesängen 15, welche die eigentliche Melodie in der Oberstimme aufweisen.[46])

Allerdings hatte gerade die Melodieführung im Tenor ihre grossen Mängel. Die Melodie ward dadurch verhüllt, ja ging für den Hörer manchmal verloren, während derselbe doch gerade auf sie gewiesen war, zumal wenn die Gemeinde bei diesen neuen Liedern nicht nur zuhörend sich verhalten, sondern in dem vielstimmigen Chorgesange die Melodie mitsingen sollte. Wir werden uns kein zu ideales Bild von der Mitthätigkeit der Gemeinde beim Singen der Gemeindelieder machen dürfen. Jedenfalls ist die Klage über Lauheit der Gemeinde beim Singen im Laufe des Jahrhunderts und auch später laut geworden. So rügt z. B. die Mansfeld'sche KO. von 1580,[47]) dass die deutschen Gesänge in Abfall und Vergessen kommen. Sie würden nur beim Beginne des Gottesdienstes vom Chor gesungen, ehe die Leute zusammen kommen. In den Städten würden am meisten lateinische Gesänge und Figuralmusik gehalten, „darüber auch etliche ihre Entschuldigung haben wollen, dass sie bei solchen Gesängen (weil sie dieselben nicht verstehen, noch mit singen können) nichts nütze seien in den Kirchen." Zwar war die Zahl der Gemeindelieder, wie ihrer Melodien, anfänglich eine sehr geringe, und dieselben kehrten regelmässig im Gottesdienste wieder. Nur durch die Festzeiten trat ein kleiner Wechsel ein.[48]) Je mehr aber die Anzahl der neuen Lieder und Melodien wuchs, um so mehr ward die Gemeinde auf das Anhören des Chorgesangs angewiesen, dessen Stimmführung jedoch die Melodie verdunkelte.

art an sich, als der lateinische. Dennoch hält Julius Köstlin, nach einer mir übersandten schriftlichen Mitteilung, den lateinischen Text für den ursprünglichen, da Walther's Wort „vormals deudsch im Drucke nihe ausgangen" wohl darauf hindeute, dass das Vorwort schon lateinisch ausgegangen sei. Nach Corp. Ref. V, 918 f. hatte Melanchthon im J. 1545 (? wohl schon früher 1538?) eine eigene Vorrede zu „Harmonias etc.", welche Georg Rhaw herausgab, geschrieben, die also von der Luther's verschieden und keine Übersetzung war. — Ich habe oben den Walther'schen deutschen Text aufgenommen, weil er, im wesentlichen mit dem lateinischen übereinstimmend, besonders Luther's Charakter trägt und ganz in Luther's Geist übersetzt ist, falls er wirklich Übersetzung ist.

[46]) Winterfeld a. a. O. I, S. 165.
[47]) S. 103.
[48]) s. oben S. 23. Anm. 19.

Wohl wurde dies als ein Notstand je mehr und mehr empfunden. Der Würtembergische Hofprediger Lucas Osiander bricht zuerst mit vollem Bewusstsein zur Überwindung dieses Notstandes dem Grundsatze Bahn, die leitende Stimme, die Melodie, in den Diskant zu legen.[49] In seinem für die Schulen und Kirchen des Fürstentums Würtemberg bestimmten Singebuche, das sogleich den bezeichnenden Titel führt: „Funfzig Geistliche Lieder und Psalmen mit vier Stimmen auf contrapunctsweise also gesetzet, dass ein ganze christliche Gemeine durchaus mitsingen kann," führt er diesen Grundsatz durch. In der Vorrede vom 1. Januar 1586 schreibt er unter anderem: Es gebe viel treffliche geistliche Lieder zu mehr Stimmen, allein verstehe man auch Melodie und Text, so könne doch „ein Lay, so der Figural-Musik nicht berichtet," nicht mitsingen, sondern müsse allein zuhören. „Derowegen ich vor dieser Zeit Nachdenkens gehabt, wie bei einer christlichen Gemeine eine solche Musik einzurichten wäre, da gleichwohl vier Stimmen zusammengingen, und dennoch ein jeder Christ wohl mitsingen könnte. Hab' derowegen als zur Probe (in denen Stunden, da ich sonsten von andern, wichtigern Geschäften müd gewesen) diese 50 geistlichen Lieder und Psalmen mit vier Stimmen also gesetzt, dass ein ganze christliche Gemein, auch junge Kinder mitsingen können, und dennoch diese Musik daneben zur Zierde dieses Gesanges ihren Fortgang hat. Und bin der tröstlichen Zuversicht, dass durch solche meine ringfügige Arbeit das christlich allgemein' Gesang in den Kirchen nicht allein nicht gehindert, sondern auch die gutherzige Christen durch solche liebliche Melodeien noch mehr zum Psalmensingen angereizt werden sollen.... Ich weiss wohl, dass die Componisten sonsten gewöhnlich den Choral im Tenor führen. Wenn man aber das thut, so ist der Choral unter anderen Stimmen unkenntlich, der gemeine Mann verstehet nicht, was es für ein Psalm ist und kann nicht mitsingen. Darum habe ich den Choral in den Diskant genommen, damit er ja kenntlich und ein jeder Laie mitsingen könne."

Ganz gewiss ist dieser Versuch Osiander's als ein grosser Fortschritt zu bezeichnen. Aber er ist überhaupt nur erklärlich, wenn damals noch keine Orgelbegleitung für den Gemeindegesang gewesen ist. Sonst hätte eben diese, wie noch heute, mit ihrem festen, lauten Klange der Gemeinde die Melodie zum Einstimmen ihrerseits bieten können. Gerade dass Osiander an diesen ganz einfachen, uns ganz selbstverständlichen Ausweg gar nicht denkt, ist ein deutlicher Beweis, wie fern der damaligen Zeit die Verbindung von Gemeindegesang und Orgel gelegen hat. Die Orgel mit

---

[49] Winterfeld a. a. O. I, S. 346 ff.

ihrem Spiele trat dem figurierten Kunstgesange zur Seite, wie es in der römischen Kirche früher üblich gewesen war und noch war.[50])

Allerdings scheinen einige Zeugnisse jener Zeit doch der Behauptung zu widersprechen, dass niemals beides vereint gewesen sei. Wir finden in einigen Kirchenordnungen die Bestimmung, dass, **wenn der Glaube deutsch gesungen wird, darunter nicht georgelt werden solle**.[51]) Man könnte daraus leicht den Schluss ziehen, dass durch diese Worte für das Glaubenslied eine Ausnahme statuiert werde, dass diese Worte also bei andern Gesängen Orgelbegleitung voraussetzten. Dieser Schluss wäre voreilig. Hier müssen wir die Form uns vergegenwärtigen, die wir oben als allgemein in der römischen Kirche gebräuchlich, und, wie der Gottesdienst in Eisenach und Wittenberg im Jahre 1536 uns zeigte, auch in die lutherische Kirche herübergenommen sahen, dass einzelne Stücke der alten Messe, wie Kyrie eleison, Gloria, Agnus wechselsweise zwischen Chor und Orgel zur Ausführung kamen. Auch das Glaubensbekenntnis, das Credo, konnte an und für sich in dieser Form ausgeführt werden. Wir haben aber gesehen, wie auch in der römischen Kirche darauf gehalten wurde, dass solcher Wechsel von Chor und Orgel bei diesem Stücke gerade nicht geschehen sollte.[52]) Wie viel mehr musste solcher Wechsel als unzulässig gelten, wenn das Credo als Bekenntnis der gesamten Gemeinde in dem Liede Luther's gesungen wurde. Da sollte nicht, wie bei andern Stücken (Kyrie, Gloria, Agnus etc.), und wie wir es z. B. in manchen Kirchenordnungen auch bei dem Magnificat finden,[53]) ein Vers um den andern durch die Orgel ersetzt werden. „Wenn der Glaube deutsch gesungen wird, so soll darunter nicht georgelt werden" d. h. es soll nicht etwa der zweite Vers statt des Gesangs durch Orgelspiel ersetzt werden.

---

[50]) Lösche (die Kirchen-, Schul- und Spitalordnung von Joachimsthal, Wien 1891, S. 32) glaubt aus den Worten der genannten Kirchenordnung: „Der Organist muss sich der Buhllieder, Gassenhauer und anderer Leichtfertigkeit enthalten und gute Motetten, Psalmen, Choräle schlagen," schliessen zu dürfen, „dass in Joachimsthal die Orgel ausnahmsweise die Gesänge wirklich begleitet hat." Ob dies bei dem figurierten Gesange des Chors geschehen ist, mag nach diesen Worten dahingestellt sein. Jedenfalls aber sind unter den genannten Chorälen nicht unsere Choräle, sondern der Choral der römischen Kirche gemeint. Vgl. im folgenden: „Man singe auch viele alte und christliche Choräle." Der evangelische Gebrauch des Wortes „Choral" für das Gemeindelied ist erst später üblich geworden. Von Begleitung des Gemeindegesangs ist in der genannten Ordnung keine Rede.

[51]) Schleswig-Holstein 1542. V_1. Braunschw.-Lüneb. 1564 fol. G. 1^b. Calenb. S. 12. Verden S. 18. Braunschw.-Wolfenb. 1615. Braunschw.-Lüneb. 1619. Vgl. Kliefoth a. a. O. VII, S. 281.

[52]) s. oben S. 13.

[53]) z. B. Braunschw.-Lüneb. 1564. fol. E. 3.

Dasselbe wird z. B. in der Schleswig-Holstein'schen KO. von 1542, wie für das Credo, so auch in Bezug auf das Gloria in excelsis bestimmt: „Des Sonntags oder an den Festen, wenn der Priester gesungen hat: ‚Gloria in excelsis deo', darauf der Chor und nicht die Orgel antworten: ‚Et in terra pax', so soll man gar und ganz aufhören [d. h. es soll das Laudamus te etc. nicht angefügt werden], damit die ganze Kirche hernachmals singen möge: ‚Allein Gott in der Höh sei Ehr etc.',[54]) welcher Gesang ohne Unterlass bis zum Ende soll gesungen werden ohne Orgeln" d. h. auch hier, ohne dass die Orgel einen oder den andern Vers spielt und dadurch den Gesang der Gemeinde unterbricht. „Darnach so fährt der Chor und die Orgel fort zu singen: ‚Laudamus te, Benedicimus te' bis zum Ende", d. h. bei der Fortsetzung des Gloria durch den Chor in der ursprünglichen lateinischen Fassung soll in der altgewohnten Weise[55]) alternierend Chor und Orgel mit einander gehen. Darauf wird geordnet, dass an Stelle der Sequenz, die bisher vom Chore zwischen Epistel und Evangelium gesungen wurde, „die ganze Kirche einen deutschen Sang wiederum singen soll ohne Unterlass und auch ohne Orgeln", d. h. weder Chor noch Orgel soll diesen Gesang der Gemeinde unterbrechen. Es wird dann diese Form, dass nämlich vorher der Chor, und dann die Gemeinde einen Teil allein singt, mit den Worten begründet: „So wird auch durch dieselbige Weise der lateinische Sang nicht verhindert; dass man aber dasselbige den Laien nicht zulassen sollte, was sollte das für eine Gestalt haben?"

Weiter wird gesagt: „Wenn dann das Credo aus ist," d. h. nachdem vom Chor das lateinische Credo (eventuell abwechselnd mit der Orgel) gesungen ist, „soll die ganze Kirche singen: ‚Wir glauben all an einen Gott' ohne Orgel", d. h. auch hier: ohne Abwechslung durch die Orgel.

Der Schluss des Jahrhunderts brachte übrigens mannigfache Angriffe auf die Orgel und ihren Gebrauch in den Kirchen. Die dringenden Mahnungen, die wir vielfach fanden, und die sich leicht vermehren lassen, dass die Organisten sich aller weltlicher Orgelstücke enthalten sollen, dass sie nur das spielen, was die Gemeinde singen soll, und dass sie ihr Spiel nicht zu lang ausdehnen dürfen, zeigen die Missstände, die eingerissen waren. Wohl gab es die meisterhaften Motetten von Josquin, Orlando di

---

[54]) Dieses Lied ist ja bekanntlich das von Nik. Decius zum Gemeindegesange umgedichtete grosse Gloria im ersten Teile der Messe.
[55]) s. die Gottesdienste in Wittenberg u. Eisenach i. J. 1536 oben S. 19 u. Anm. 17.

Lasso [56]) u. a., die geeignet waren, die Organisten auf einen künstlerisch höheren Standpunkt zu heben. [57]) Aber andrerseits wurden auch die mannigfachsten weltlichen Kompositionen, sowie insbesondere Tanzmelodien (z. B. Passamezzen) für die Orgel dargereicht, die, allerdings zunächst nicht für die Kirche, sondern zur Erheiterung auf dem häuslichen Pedal oder Positiv bestimmt, doch in die Kirche gebracht wurden. [58]) Vor allem aber entwickelte sich je mehr und mehr im Laufe des 16. Jahrhunderts die sog. koloristische Orgellitteratur. „Anfangs ziemlich harmloser Art, prägte sich die Eigentümlichkeit dieser Richtung mit jedem neu erscheinenden Buche immer schärfer aus, und die Massen des kolorierten Stoffs werden immer breiter und zudringlicher. Begnügte sich der kolorierende Künstler anfänglich mit kurzen weltlichen Liedern, die er mit Hilfe ein- und aufgelegter Figuren zum Gebrauche für die Orgel zurecht machte, so greift er schliesslich nach bogenlangen 8- bis 12stimmigen geistlichen Gesängen, um sie seiner Kunst zum Opfer zu bringen; in gleichem Masse mit der zunehmenden Breite des Stoffs wächst das Geistlose der Behandlung, die endlich bis zum Verstummen elend wird". [59]) Um die Mitte des Jahrhunderts, bald nach Luther's Tode, schreibt Hermann Finck, [60]) der tüchtige Organist in Wittenberg: „Wenn die Organisten auf Orgeln oder Instrumenten eine Probe ihrer Kunst ablegen sollen, so nehmen sie zu dem einzigen Kunstgriffe ihre Zuflucht, dass sie leeren Lärm ohne irgend welche Anmut (inanem strepitum sine ulla gratia) hervorbringen. Damit sie aber den Ohren der ungelehrten Zuhörer leichter schmeicheln und wegen ihrer Fingerfertigkeit Bewunderung erregen, laufen sie bisweilen eine halbe Stunde lang mit den Fingern über die Tasten und hoffen auf

---

[56]) Die Coburger KO. von 1626 empfiehlt besonders Orlando di Lasso's Werke zum Gebrauch für den Gottesdienst.

[57]) Ambros, Geschichte der Musik III, S. 438.

[58]) Ambros a. a. O. S. 437 f. — Im Jahre 1548 wurde in Strassburg der Organist seines Amtes entsetzt, weil er unter dem Offertorium etliche französische und welsche Lieder geschlagen hatte, welche eine Üppigkeit enthalten sollten. (Zimmerische Chronik ed. Barack. III, S. 557).

[59]) Worte Ritter's, zur Gesch. des Orgelspiels 1, S. 111.

[60]) Hermann Finck aus Pirna, (nicht zu verwechseln mit seinem Grossoheim Heinrich Finck † 1501) war ein sehr tüchtiger Musiker des 16. Jahrh. Er diente zuerst in der Kapelle des Erzherzogs Ferdinand von Österreich, ging dann nach Wittenberg und „diente dort der Kirche durch Pflege der Musik," wie es in einem Erlasse des Wittenberger Rektors bei seinem Tode heisst. Er starb am 28. Dec. 1558. Vgl. über ihn: Eitner, Publicationen VIII und Monatshefte für Musik-Gesch. Band XI (1879), S. 11 f. Das obige Citat findet sich abgedruckt bei Ambros a. a. O.

diese Weise durch solchen anmutigen Lärm mit Gottes Hilfe Berge zu bewegen, aber es wird nur ein lächerliches Mäuslein geboren; fragen nicht darnach, wo Meister Mensura, Meister Taktus, Meister Tonus und sonderlich Meister bona fantasia bleibe. Denn nachdem sie einige Zeit einstimmig mit grosser Geschwindigkeit auf den Tasten umhergeirrt sind, fangen sie zuletzt an, eine zweistimmige Fuge zu gestalten, und mit beiden Füssen auf dem Pedale arbeitend fügen sie die übrigen Stimmen hinzu. Eine solche Musik ist aber den Ohren, ich will gar nicht blos sagen Sachverständiger, sondern schon solcher, die gesunde Sinne haben und verständig urteilen, ebenso angenehm wie Eselsgeschrei."

Wir können uns nicht wundern, wenn je mehr und mehr gegen das Ende des Jahrhunderts sich mit den Stimmen gegen einen derartigen Missbrauch der Orgel auch solche verbinden, die gegen die Orgel und ihren Gebrauch überhaupt gerichtet sind, da dieselbe den Gemeindegesang, dem sie nicht dient, nur beeinträchtigte. Diese Gegnerschaft erwuchs der Orgel hauptsächlich aus den Kreisen des Kryptocalvinismus.

Im Anhaltischen Gebiete waren besonders unter Begünstigung des Fürsten Johann Georg vom Jahre 1588 an mannigfache Versuche gemacht worden, Bilder, Kruzifixe, Chorröcke zu beseitigen, auch die lateinischen Gesänge abzuschaffen und den Altar zu einem Tisch zu wandeln. Sieben Adlige und fünf Vertreter von Städten reichten in Folge dessen eine „Erinnerungsschrift" an den Fürsten ein, protestierten gegen diese Unternehmungen und unter anderem auch dagegen „da man doch jetzo damit umgehet, die Orgeln und fast alle alte und christliche Gesänge bis auf die Psalmen aus der Kirche zu schaffen." Darauf erfolgte im Auftrage des Fürsten die Veröffentlichung der genannten „Erinnerungsschrift" zugleich mit einer „Verantwortung" gegen die Anklagen. [61] Betreffs der Anschuldigung, die Orgeln und fast alle alte und christliche Gesänge bis auf die Psalmen abschaffen zu wollen, verwahrt sich diese letztere Schrift sehr energisch, verlangt den Beweis dafür und fährt dann fort [62]: „Es mag ihm ein jeder auf seiner Orgeln selbst spielen, oder andere spielen lassen, so lange er will, wenn nur der rechte, wahre, innerliche Gottesdienst nicht dadurch verhindert, und etwa für einen geistlichen Psalm

---

[61] Beide Schriften wurden herausgegeben in: „Erinnerungsschrift etlicher vom Adel und Stedten an den — Fürsten — — Johann Georg — von Zerbst sampt darauff erfolgten gnedigen verantwortung und erklerung. Zerbst 1596." Diese Schrift, und die zahlreich sich daran anschliessende Streitlitteratur befindet sich in der Bibliothek der hiesigen Nikolaikirche.

[62] S. 73.

ein üppiger, leichtfertiger, überfleischlicher Tanz oder Passamezza gespielet wird." Es wird darauf hingewiesen, „dass das alte jüdische Saitenspiel, darein sie haben gesungen, also dass man gleichwohl alle Worte habe verstehen können, sei in Wahrheit nur ein Typus oder Vorbild gewesen der fröhlichen Predigt des Evangelii, so im neuen Testament durch die ganze Welt überlaut erklingen sollte, wie solches D. Luther uns übern 47. und 150. Psalm wohl erkläret. Wollte Gott, die Psalmen Davids würden Alt und Jung nur wohlbekannt, weil der Apostel selbst die Psalmen zu singen vermahnt. Daneben doch auch andere rechte, christliche, deutsche Gesänge, nach der Regel Pauli 1. Cor. 14, niemand abzuschaffen begehren wird. Die römischen Gesänge aber sind unsern Deutschen nicht christlich, denn sie verstehen sie nicht." Im folgenden wird dann das oben S. 18 zuerst genannte Wort Luther's angeführt, der die Altäre, Kruzifixe, Bilder, Messgewande, Lichter und auch die Orgeln zu des „römischen Abgottes Baal Feldzeichen" gerechnet habe.

Von der theologischen Fakultät von Wittenberg erfolgte hierauf 1597 eine „Notwendige Antwort auf die im Fürstenthumb Anhalt Ohn lengsten ausgesprengte hefftige Schrifft etc.", in der auch ausführlich auf die Frage der Orgel eingegangen wird.[63]) Nachdem Luther's Wort gegen die Folgerungen der Anhaltischen verteidigt worden ist, fährt das Gutachten fort: „Was sonst die Orgeln anlanget, sind wir aus göttlicher Schrift gewiss, dass man Gott auch mit Instrumenten und Saitenspiel lobet und preiset, wie uns der heilige Geist lehret, sonderlich im 150. Psalm.... Und wiewohl wir nicht in Abrede sind, dass man bisweilen die vocalem Musicam unter der Instrumentali gehen lassen, auch solches in unsern Kirchen bräuchlich, jedoch dass es allewege bei den Juden geschehen sei, können die Anhaltischen nicht darthun. Es ist die Instrumentalis Musica für sich eine solche Gabe Gottes, dass sie die Gemüter der Menschen zu bewegen kräftig, wenngleich mit menschlicher Stimme darunter nicht gesungen wird. — Wenn man nur das Genus weiss, so ist es (soviel die Orgeln belanget) genug und wird damit nicht in Wind[64]) hinein georgelt. Das Genus aber ist, dass man weiss, es wären geistliche Lieder, die zu Gottes Lob gemacht sind, darauf geschlagen. Wer das weiss, der ärgert sich nicht an den Orgeln, welche sonst ebenso wohl ihre Kraft haben, wenn man nur so viel weiss, dass durch derselbigen

---

[63]) Der betr. Abschnitt über die Orgeln ist auch abgedruckt in Dedeken, Thes. concil. et. decis I, S. 1146 ohne Angabe des Jahres der Abfassung.

[64]) Dedeken hat hier den sinnlosen Druckfehler: „in und hinein georgelt."

Schall entweder zum Streit geblasen wird (1. Cor. 14) oder andere wichtige Dinge angezeiget (Amos 3) oder Freude angekündiget, wie durch die silbernen Posaunen des Halljahrs die herrlichen Feste der Hebräer wurden angemeldet, ihre Gemüter dadurch erwecket, und durch die Pfeifen auch zu Christi Zeiten bei hochzeitlichen Tagen Freude erreget ward, welches die Schrift selber nennt die Stimme der Braut und des Bräutigams und als eine Wohlthat Gottes rühmet (Jer. 33), derselbigen Wegnehmung aber als eine grosse Strafe Gottes anzeucht (Jer. 7, 16. 25).... Über welche Stimme des Bräutigams, das ist, über die bei den hochzeitlichen Freuden üblichen Saitenspiele alle seine Freunde sich erfreuen (Joh. 3), ungeachtet, dass man nicht allewege darunter singet mit menschlicher Stimme, auch nicht in specie vernimmt, was es für Lieder sein mögen... Und dass solche Instrumente in ihrem rechten Gebrauche Gottes Gabe seien, welche, da gleich auch nur das Genus bekannt ist, sonderliche Anmutung geben, entweder zur christlichen Andacht in der Kirchen oder zum Streit oder zur Freude, oder die traurigen schwermütigen Gedanken zu vertreiben, oder andere gute Gedanken im Menschen zu erregen, bezeugen solches auch der Schrift Exempel und Geschichten. (Es folgen die Beispiele von Saul [1. Sam. 16.], Elisa [2. Kön. 3])... Neben dem kann man in unserer Kirchen wohl alle Zeit verschaffen, dass mit dem Orgeln und Singen Mass gehalten und genugsam Zeit zum Gottesdienst selbst gewendet werde. Auch dass kein fleischlicher Tanz oder Passamezza, des die Anhaltischen gedenken, werde gespielet, dürfen sie sich nicht bekümmern. Es sind andere darauf bestellet (ohne ihr, der Anhaltischen, Schumpfieren) solches in acht zu nehmen und zu verhüten."

Dieses Gutachten der hervorragenden theologischen Fakultät zu Wittenberg ist lehrreich für den Stand der Verhältnisse. Das Gutachten konstatiert einen ausgedehnten selbständigen Gebrauch der Orgel im Gottesdienste. Sie soll durch das „Genus" der geistlichen Lieder, die sie spielt, auch ohne Worte die menschlichen Herzen nach verschiedenen Seiten hin bewegen, zur Freude, zum Mut im Kampfe etc. Allerdings soll Mass gehalten werden, damit der Gottesdienst nicht dadurch verkürzt werden muss. Ausser dieser selbständigen Bedeutung des Orgelspiels wird auch noch des in den lutherischen Kirchen bräuchlichen Zusammengehens der Vokalmusik mit der Instrumentalmusik gedacht. Dass unter dieser „vocalen Musica" der Kunstgesang des Chors verstanden ist, und nicht etwa die Gemeindelieder, ist nach dem Zusammenhange zweifellos. Von einer Aufgabe der Orgel, die Gemeindelieder zu begleiten, ist in dem ganzen ausführlichen Gutachten, welches doch die Aufgabe der

Orgel für den Gottesdienst zu ihrer Rechtfertigung darlegen soll, mit keinem Worte die Rede. Das völlige Schweigen ist der deutlichste Beweis, dass man auch am Ende des Jahrhunderts daran nicht gedacht hat, geschweige denn, dass es bisher geübt worden wäre.

Auch die ersten Jahrzehnte des 17. Jahrhunderts zeigen uns zunächst kein neues Bild.

Eng an das Wittenberger Gutachten schliesst sich eine Predigt des Superintendenten und Domprediger D. Nikolaus Polantus in Meissen an, welche derselbe am 13. Mai 1604 bei der Einweihung der neuen Orgel im Dom zu Meissen gehalten hat.[65]) Er predigt im Anschlusse an Psalm 69, 35 „vom christlichen Brauch der Orgelwerke", wobei in der langen Predigt auch nicht der geringste Hinweis auf das Verhältnis der Orgel zum Gemeindegesange vorkommt. Es wird „die geistreiche, himmlische Musica, Figuralis und Instrumentalis, das man figural singet und auf der Orgel und andern Instrumenten spielet" als zu den „Kirchen-Ceremonien, ornamentis und lobzierlichen Gepränge" gehörend gepriesen. „Diese Musica haben wir nicht von den Papisten sondern von Gott als eine sonderliche geistliche Gabe zur Ehre Gottes und unserer Erweckung und Erbauung empfangen. Also verwerfen wir solche keineswegs, reissen und stürmen sie nicht aus den Kirchen und Predigthäusern, inmassen an vielen Orten die Sakramentierer und der schwärmerische Trauergeist aus ganz unerheblichen Durst böser, vornemischer Weise zu thun pflegen." Der Prediger kommt sodann zu dem Lob, mit dem wir Gott preisen sollen. Das äusserliche Lob Gottes soll geschehen auch in ecclesia publica bei dem Gottesdienste, „denselben mit herrlicher, wohlklingender Musik zu ehren und die kalten, schläfrigen Herzen zu guter Andacht, Lob und Danksagung gegen Gott zu ermuntern und zu erfrischen." Nachdem er nach den verschiedensten Seiten den wohlthätigen Einfluss der Musik, d. h. der Instrumental- und Vokalmusik, auf die Gemüter der Menschen geschildert hat, kommt er auf den Missbrauch der Orgel. Derselbe besteht aber doch nur in der Verwendung der Orgel zu ungeistlichen, üppigen, schamlosen, unzüchtigen und zu aller Untugend reizenden Liedern. Auch die „hüpfende, verzippelt weltliche, figurale Musik, die sich mehr zu anderer Ergötzung, denn im Kirchen Chor zu gottseliger Andacht bequemet und schicken thut," wird getadelt. Sodann wird bestimmt, dass die Musik mit Figuralgesang und dem Spiel auf der

---

[65]) Musica Instrumentalis, Von Christlichem Brauch der Orgelwerck vnnd Seytenspiel. Leipzig 1605.

Orgel nur in Leidens- und Trauerzeiten schweigen soll. Eine Polemik gegen die Kryptocalvinisten mit deutlichem Hinweise auf die in der oben genannten „Anhaltischen Verantwortung" vorgebrachten Scheingründe schliesst sich an.

Zuletzt kommt die eigentliche Weiheformel für die Orgel. Dieselbe lautet: „Auserwählte in dem Herrn! Wenn denn durch mildthätige Darlag, Unkost und christliche Anordnung .... das neue Orgelwerk in dieser Kirchen erbauet und verfertiget worden, so wollen wir hiermit dasselbige in Gottes Namen dem Meister befohlen haben, dass er es zu **christlichen Melodeien und Gottes Ehre gebrauche, die Zuhörer [!] aber dadurch zur christlichen Andacht ermuntert und erwecket werden**, und fleissiger Anhörung des allein seligmachenden Wortes Gottes und seliger Dankbarkeit für alle seine Wohlthaten, beide leibliche und geistliche, ermuntert etc."

Noch deutlicher fast erscheint der innige Zusammenhang der Orgel allein mit dem Figuralgesang in der „Ulmischen Orgel Predigt," einer Predigt des Superintendenten Conrad Dietrich in Ulm, welche derselbe bei der Einweihung der Orgel am 1. August 1624 gehalten hat.[66]) Die ganze Predigt handelt nur von der Bedeutung der Orgel und der gesamten Instrumentalmusik für die Erbauung der Gemeinde in deutlicher oft wörtlicher Anlehnung an das oben angeführte Wittenberger Gutachten. „Wir sollen es für eine sonderbare Gabe Gottes und Zier einer christlichen Gemeine halten, wenn er derselbigen, nächst dem reinen Worte Gottes und rechtem Gebrauche der hochwürdigen Sakramente, schöne Tempel und Kirchen und in denselbigen schöne Instrumentalmusik und wohlbestellte Orgeln bescheret, dadurch nicht allein die Herzen und Gemüter der Zuhörer aufgemuntert zur Devotion und Andacht, eifrigen Gebet, Gottesfurcht und Danksagung erweckt, sondern auch der offene Gottesdienst in der Kirchen sonderbar gezieret, herrlich und ansehnlich gemacht wird, weil ja die Orgel gleichsam die Königin und Herz aller musikalischen Instrumente, dadurch die göttliche Majestät in der Versammlung der Gläubigen geehret und gepriesen wird. Je edler, herrlicher und prächtiger nun solche ist, je herzhafter dadurch die sämtliche Musik gemacht und trefflicher Ansehens gewinnt, dass wo ein rechtschaffen Orgelwerk in einer

---

[66]) Vlmische Orgel Predigt, Darinn von der Instrumental-Music inns gemein, sonderlich aber von dero Orgel-Erfindung vnd Gebrauch, in der Kirchen Gottes, von Anfang der Welt biss hieher kürzlich discurriret, zugleich auch die schöne herrliche Vlmer Orgel beschrieben wird. Ulm 1624. Abgedruckt zum grössten Teil in Mettenleiter, Musica, Archiv für Wissenschaft etc. Heft 1. Brixen, 1866.

Kirche geschlagen und darunter andere musikalische Instrumente von Zinken, Posaunen, Harfen, Lauten, Geigen, Pfeifen, Flöten etc. erschallen, alles darin gleichsam lebet und schwebet, auch dem Gottesdienst selbst eine rechte Zier und Ansehens machet." Stets wird auch hier nur von Zuhörern des Orgelspiels gesprochen, ja ausdrücklich heisst es: „Und ob wir schon mit der Stimme und Mund nicht mit unterschlagen und musizieren können, sollen wir doch mit dem Sinn und Geist mit musizieren (1. Cor. 14, 15.), sollen dem Herrn singen und spielen in unserem Herzen, wie St. Paulus vermahnt Eph. 5, 19, unsrer Seufzer Orgel anstimmen zu Gott mit andächtigem Herzensseufzen, die Betorgel unsrer christlichen Kirchengebete zuhanden nehmen und daraus ein andächtiges herzliches Gebetstücklein oder zwei schlagen. Sollen mit zusehen, dass wir uns selbst zu lebendigen, vernünftigen, verständigen Orgeln machen etc."

Im Stadtarchive zu Wernigerode finden sich zwei Instruktionen[67]) für Organisten aus dem Jahre 1598 und 1626. Die erstere giebt nur allgemeine Anordnungen. Die zweite aber enthält in 18 Punkten ausführliche, bis ins einzelnste gehende Anweisungen. Wohl hören wir, dass der Organist verpflichtet wird, „mit dem Domino Cantore jederzeit in guter Correspondenz zu leben und alle Sonn- und Festtage zuvor sich mit demselben gründlich zu bereden, was er an Responsorio, Introitu, Hymnis, Psalmen Tonis, Muteten, Missen u. dergl. singen wollte, es sei choralis oder figuralis Cantus, was er nicht habe, zeitig genug vorher absetzen und solche Mühe des Absetzens sich im geringsten nicht verdriessen lassen, damit also ein fein harmonia und Gleichstimmigkeit zwischen den Orgeln und dem Chor erhalten und der liebe Gottesdienst mit desto mehrer Zier und Andacht verrichtet werde." Aber kein Wort verlautet in der langen Instruktion von irgend welcher Beziehung zu dem Gesange der Gemeinde, was ganz unmöglich wäre, wenn die Orgelbegleitung schon eingeführt gewesen wäre.

Wir schliessen diesen Abschnitt mit dem Hinweise auf einige Kirchenordnungen aus dem Anfange des 17. Jahrh.

Die Braunschw.-Lüneb. KO. von 1619 wiederholt die gleichen Bestimmungen, die wir schon in den Kirchenordnungen für dasselbe Gebiet von 1564 u. 1569[68]) kennen. Dieselben Bestimmungen enthält die KO.

---

[67]) Beide Instruktionen verdanke ich der Güte des Herrn Archivrat Jacobs in Wernigerode.
[68]) s. oben S. 28.

für Braunschw.-Wolfenbüttel von 1615. — Die KO. von Coburg aus dem Jahre 1626 bestimmt in der schon früher aus der Strassb. KO. uns bekannten Weise: „Gleichwie man nicht billigen noch loben kann den Missbrauch, welcher im Papsttum mit dem Gesange und Orgeln getrieben wird, also kann man auch derjenigen Fürnehmen nicht loben, welche den Figuralgesang und das Orgeln als einen päpstlichen Sauerteig aus den Kirchen allerdings ausmustern. Denn zu geschweigen des göttlichen Befehls, dass man Gott den Herrn mit Psalmen und geistlichen Liedern in allen Zungen und Sprachen, auch mit Instrumenten zu loben schuldig, so bezeuget ja die Erfahrung, dass durch die Figuralmusik und Orgeln der Prediger und Zuhörer Herz und Gemüt ermuntert wird, Gott den Herrn desto fröhlicher zu loben. Jedoch soll in allewege dahin gesehen werden, dass solche Figuralmusik und Orgeln weder den gemeinen Gesang der Kirchen, noch den übrigen Gottesdienst mit Predigen und Beten verhindern und zu lang aufhalten. Darum denn die figurata Musica und Orgeln der Gestalt zu gebrauchen, dass der Organist nicht fremde Stücke schlage, sondern nach Gelegenheit eben dasjenige, was die Gemeinde singen soll, dass über eins oder zwei Stücke, nach Menge der Kommunikanten nicht figuriert werden, sondern vielmehr der Gemeinde Zeit gelassen, ihren Gesang in bekannter Muttersprache mit Andacht zu verrichten; dass auch solche Stücke georgelt und figurieret werden, welche nicht leichtfertig, noch dem Tanze mehr, als dem Gottesdienste bequem, sondern ihre gebührliche theologische Gravität haben, dazu des Orlandi oder anderer vornehmer, andächtiger Komponisten Stücke nützlich erachtet werden."[69])

Der ganze Abschnitt bezeugt, dass nur von dem selbständigen Orgelspiele und von der Figuralmusik im Vereine mit der Orgel die Rede ist. Das Recht des Gemeindegesangs wird gegenüber beiden gewahrt.

Auch in der Ostfriesischen KO. von 1631 heisst es noch: „Die Organisten sollen auf der Orgel keine weltlichen, sondern allein geistliche Lieder schlagen, die zur Erbauung dienen, und sonderlich die Psalmen Lutheri umgewechselt einen Vers mit dem singenden Chore um den andern. Am Anfange soll die Gemeinde singen: „Komm heiliger Geist." „Darauf schlage der Organist einen Versikul des Gesangs, so man anzustimmen gesinnet ist." Das Lied „Allein Gott in der Höh" soll der Schulmeister mit der ganzen Gemeinde intonieren. Auch hier giebt die Orgel nur vor dem Gesange die Melodie des Liedes an und spielt je einen Vers des Liedes im Wechsel mit dem Chore.

---
[69]) S. 13 f.

Alles in allem: Das 16. Jahrh. und die ersten Jahrzehnte des 17. Jahrh. zeigen uns alle die Formen, die wir betreffs der Anwendung der Orgel in dem Gottesdienste der römischen Kirche fanden. In steigendem Masse wird der Figuralgesang mit Beifügung der Orgel gepflegt, der Gemeindegesang wird mehr und mehr dadurch zurückgedrängt. Soweit aber der letztere noch sein Recht ausübt, bleibt er unabhängig von der Orgel oder die Orgel steht zu ihm nur insofern in Beziehung, als sie teils die Melodie des zu singenden Liedes vorspielt, teils auch hie und da an Stelle der Gemeinde tritt und einen Vers allein spielt.

III. Die Orgel im evangelischen Gottesdienste des 17. und 18. Jahrhunderts.

Am Ausgange des 16. Jahrhunderts droht dem Gemeindegesange die grosse Gefahr, durch die kraftvolle Entwicklung der Figuralmusik, welche die Gemeindelieder sich aneignete, und durch das koloristische Orgelspiel je mehr und mehr zum Schweigen gebracht zu werden. Es droht die Gefahr, dass die Gemeinde allmälig auf das Anhören der Gesänge beschränkt wird, welche aus dem lebendigen Glauben geboren und für die Gemeinde gedichtet waren, und deren Melodien, meist aus dem Bereiche der alten Volksweisen entnommen, der singenden Gemeinde ursprünglich geschenkt waren.

Wer etwa die jetzige Form unseres Gemeindegesangs mit seiner Orgelbegleitung ins Auge fasst, wer unsere heutige Anschauung zum Massstabe macht, dass die eigentlich herrschende Musik im Gottesdienste der Gemeindegesang ist, der völlig getrennt vom kunstvollen Chorgesange einhergeht und diesem nur einen bescheidenen Raum im besten Falle vergönnt[1]), der könnte zu der Vermutung kommen, als sei von vornherein, um dem Gemeindegesange die Selbständigkeit und die ihm dienende Orgel-

---

[1]) Die Frage über die Berechtigung des Chorgesangs im evangelischen Gottesdienste ist heutzutage eine sehr viel erörterte und oft bestrittene. Vgl. zu der Frage: Schöberlein, liturg. Ausbau des Gemeindegottesdienstes 1859. S. 270. Kawerau, Vortrag auf der 1. ordentl. Versammlung des ev. kirchl. Chorgesangvereins 1884. H. A. Köstlin, Gesch. des chr. Gottesd. S. 184 ff. Th. Harnack, Prakt. Th. I, S. 519 ff. Fr. Zimmer, Th. St. und Skizzen aus Ostpreussen, Heft 11. (1889). F. Spitta, über Chorgesang im evang. Gottesdienst. Achelis, Pr. Th. II, S. 110 ff.

begleitung zu verschaffen, ein entschiedener Bruch mit der bisherigen Weise nötig gewesen. Man möchte vermuten, dass der Gemeindegesang sich völlig von dem Chorgesange habe trennen müssen, um eine gedeihliche Entwicklung zu erhalten.

Das Gegenteil ist thatsächlich zunächst der Fall gewesen. Nicht wird der Gemeindegesang in der folgenden Entwicklung dadurch erhalten und gehoben, dass ihm in seiner bisher noch verbliebenen Selbstständigkeit die Orgel als Begleiterin beigefügt wird, sodass er im Unterschiede und in scharfer Trennung vom Kunstgesange gehoben wird, sondern der Kunstgesang und zugleich das mit demselben verbundene Orgelspiel wird von den Komponisten der Kirchenmusik, welche mit der Freude an ihrer Kunst zugleich ein warmes Herz für die Gemeinde und einen gesunden evangelischkirchlichen Sinn verbinden, also gestaltet, dass die Gemeinde sich an denselben anlehnen, mit in denselben einstimmen kann. Der Gemeindegesang verliert zunächst seine Selbständigkeit und kann nur mit dem cantus firmus, mit der Melodie, in den Chorgesang und das Orgelspiel sich einfügen. Das wird aber gerade der Weg, um ihn wieder zur Selbständigkeit zu erheben und ihm in der Orgel sodann die Dienerin zu geben, die ihm durch die Begleitung einen festen Halt und Stützpunkt bietet.

In zweifacher Linie geht die weitere Entwicklung vor sich. Verfolgen wir den Weg in kurzen Zügen.

Wir haben bereits des wackeren Lukas Osiander gedacht, der den ersten Versuch machte, durch Verlegung der leitenden Stimme aus dem Tenor in den Diskant der Gemeinde das Mitsingen bei dem vielstimmigen Chorgesange zu erleichtern. Es ist der erste Versuch eines Mannes, der kein Musiker von Beruf war, aber als musikalisch gebildeter Geistlicher der Gemeinde zu einer grösseren Beteiligung an den in der Kirche mehrstimmig gesungenen Liedern zu verhelfen suchte. Der Gemeindegesang lehnte sich an den mehrstimmigen Chor mit der Melodie in der Oberstimme an.

Hier war der Weg der weiteren Entwicklung klar gewiesen. Es brauchte nur die im einfachen Kontrapunkte harmonisch für den Chor gesetzte Melodie auf die Orgel übertragen werden, und die Begleitung des Gesangs durch dieses Instrument war gegeben.

Hans Leo Hassler[2]) (geb. 1564 † 1612), ein Nürnberger Kind, der

---

[2]) Winterfeld a. a. O. I, S. 372 ff.

zu Augsburg als Organist und von 1602 an am kaiserlichen Hofe zu Prag seine Kunst ausübte, widmete im Jahre 1608 sein Werk: „Kirchengesäng, Psalmen und geistliche Lieder auf die gemeinen Melodeyen mit vier Stimmen simpliciter gesetzt" sechs Bürgern aus dem hohen Rate seiner Vaterstadt. Ihn hatte zu seiner Arbeit eine gleiche Absicht wie den Lukas Osiander getrieben. Er sieht sein Werk als eine Fortsetzung früherer Bemühungen an, da er „vor wenig Jahren etliche teutsche geistliche Gesänge auf den contrapunctum simplicem mit vier Stimmen solcher Art und Massen gesetzet, dass dieselbigen auch in den christlichen Versammlungen von dem gemeinen Manne neben dem figural mitgesungen werden können; darüber selbsten auch vermerkt und erfahren, dass solches in den Kirchen zu Nürnberg, allermeist aber, und zwar anfänglich in den Kirchen bei unsrer lieben Frauen, sowohl in meiner als anderer dergleichen Composition von der lieben gemeinen Bürgerschaft mit sonderer Anmutung, christlicher Lust und Eifer geschehen."

Das etwa schon damals die contrapunktisch harmonisierte Melodie als Orgelbegleitung gespielt worden sei, ist nicht wahrscheinlich, aber die Möglichkeit war gegeben, und Hassler hat dazu jedenfalls die Anregung geboten[3]).

Als wichtiges Zeugnis für den Fortschritt auf dieser Linie tritt uns aber das im Jahre 1627 erschienene „Cantional" des Kantors der Thomasschule in Leipzig, Johann Hermann Schein, entgegen[4]). Es sind vier-, fünf- und sechsstimmige Choräle mit den übergeschriebenen Zahlen des Generalbasses. In der Vorrede begründet er dieses Verfahren mit den ausdrücklichen Worten, „dass sonderlich mit darzu gehörigen Überzeichnungen für die Organisten, Instrumentalisten und Lautenisten auf den Generalbass gesehen worden." Hier finden wir also ganz bestimmt die Übertragung des mehrstimmigen, einfach harmonischen, nicht figurierten Chorgesangs auf die Orgel[5]). Zwar ist in diesen Worten noch nicht be-

---

[3]) Als solche, die gleich Hassler Osiander's Methode, die leitende Stimme in den Diskant zu legen, befolgten, sind auch noch aus jener Zeit zu nennen: Seth Calvisius, Harmonia cantionum ecclesiast. 1597. Vulpius, Kirchengesang etc. Erfurt 1604. Erythräus, D. Mart. Luth. . . . Psalmen etc. Nürnberg 1608, u. a.

[4]) Cantional oder Gesangbuch Augspurgischer Confession, In welchem des Herrn D. Martini Lutheri und anderer frommer Christen, auch des autoris eigne Lieder und Psalmen, sampt etlichen Hymnis und Gebetlein etc.; So in Chur- und Fürstenthümern Sachsen, insonderheit aber in beiden Kirchen und Gemeinen allhier zu Leipzig gebräuchlich. Verfertiget und mit 4, 5 und 6 Stimmen componiret von Johann Hermann Schein, Grünhain. (Bibl. zu Wernigerode).

[5]) Die Bedeutung Schein's nach dieser Richtung hat Winterfeld übersehen.

stimmt die Orgelbegleitung ausgesprochen, aber sie liegt nur zu nahe, da ein blosses Spiel des einfach harmonischen Satzes seitens der Orgel ohne Gesang doch allzu nüchtern erscheint. Um so mehr werden wir gerade diese Form bei ihm als Begleitung des Gemeindegesangs ansehen dürfen, als er öfters diesen Kompositionen andere beifügt unter dem Titel: „Vorstehende Melodey in Contrapuncto composito," d. h. figuriert, welche Kompositionen für das alleinige Spiel der Orgel bestimmt zu sein scheinen.

Dass aber thatsächlich zehn Jahre später in dieser genannten Form die Begleitung der Gemeindegesänge in Gebrauch war, bezeugt uns eine andere Schrift aus dem Jahre 1637. Im genannten Jahre gab Siegmund Theophilus Stade, Organist zu St. Lorenz in Nürnberg, die oben genannten Hassler'schen Kirchengesänge in neuer und vermehrter Auflage heraus [6]). Höchst bedeutsam ist folgende Stelle seines Vorworts vom 1. Advent 1636: „Diese meine Arbeit habe ich sonderlich dediciren und zuschreiben sollen und wollen oben gesetzten meinen Grossgünstigen Herrn, mächtigen Patronen und werthen Freunden .... teils auch als **meinen lieben und getreuen Collegen, welche durch die Orgel die Gemein bei rechter Melodei Höhe und Tiefen zusammen halten.**"

Hier ist uns also für Nürnberg aus dem Jahre 1636 der Gebrauch der Orgel für die Begleitung des Gemeindegesangs als ein bereits bestehender Brauch bezeugt [7]). Wie lange er bereits bestanden hat, lässt sich nicht sagen.

In dieser einfach harmonischen, nicht figurierten Form der Begleitung ist demnach die Orgel in dem 17. Jahrhundert als Begleitinstrument in Gebrauch gekommen.

Indessen ist dies nicht der einzige Weg gewesen. Was wir vorhin sagten, dass der Gemeindegesang zunächst in Abhängigkeit von dem Chorgesange geriet, vollzog sich in noch viel ausgeprägterer Weise auf dem Wege, den ein grösserer Meister als die bisher genannten einschlug — Johann Eccard (geb. 1533 † 1611).

Es liegt nicht in unserer Aufgabe, seine Bedeutung als geistlichen Musiker überhaupt zu würdigen [8]). Für uns kommt er nur in Betracht in seinem Bestreben den Gemeindegesang zu heben. Besonders kommen

---

[6]) Das Exemplar des Tenor aus der Wernigeroder fürstl. Bibliothek hat mir vorgelegen.

[7]) Hiernach ist es ein Irrtum, wenn Herold (Alt-Nürnberg in seinen Gottesdiensten S. 118) ohne Angabe seiner Quelle ungefähr das Jahr 1660 als dasjenige bezeichnet, von dem an der Organist in Nürnberg den einstimmigen Gemeindegesang begleitet habe.

[8]) S. bes. Winterfeld a. a. O. I, S. 433 ff. Döring a. a. O. S. 28 ff. Wolfrum a. a. O. S. 116 ff.

hier in Frage seine im Jahre 1597 im Auftrage des Markgrafen Georg Friedrich herausgegebenen Kirchengesänge in fünfstimmigem Tonsatze. Osiander's Unternehmen ist nicht ohne Einfluss auf ihn gewesen. „Einige," so sagt er in der Vorrede an Tonkünstler und Sänger, „haben wohl früher schon die Melodien der gebräuchlichsten Kirchenlieder in eine solche Harmonie gebracht, dass der Choral, wie er an sich selbst gehe, in der Oberstimme deutlich gehört wird, und die Gemeine denselben zugleich mit einstimmen und singen kann. Diese gutherzige Meinung ist keineswegs zu schelten, sondern höchlich zu loben. Eine solche Arbeit gereicht zu nützlicher Übung der Gottesfurcht, zur Zierlichkeit und zum Wohlstande des Gottesdienstes in der Kirche, vornehmlich aber zu Lob und Ehren der göttlichen Majestät." „Dennoch," fährt er fort, „ist doch noch zur Zeit kein Cantional, darin nach musikalischer Art was anmutiges und der Kunst gemässes enthalten wäre, zu uns anhero in Preussen gekommen." Er hoffe darum, mit seinem Werke der Gemeine gedient zu haben, „welche die gewöhnliche Kirchenmelodei aus dem Discantu wohl und verständlich hören und bei sich selbst, nach ihrer Andacht singend, imitieren könne." Zum Schlusse erinnert er noch den Kantor freundlich daran, „dass er im Singen dieser Kirchenlieder sich eines feinen, langsamen Taktes befleissigen und gebrauchen wolle. Dadurch wird er zuwege bringen, dass der gemeine Mann die gewöhnliche melodiam desto eigentlicher hören und er mit seiner Cantorey um so viel besser und leichter wird fortkommen können."

Es ist auch bei ihm das warme Interesse, der Gemeinde zu dienen, ihr zur Teilnahme am Gesange zu verhelfen, und doch dabei die künstlerische Gestaltung des Chorgesangs nicht zu vergessen. Aber eine leichte Aufgabe stellt er der musikalisch ungeübten Gemeinde nicht. Wohl führt in diesen Gesängen die Oberstimme die Melodie des Liedes gleichmässig durch. Aber die begleitenden vier Unterstimmen des Chors schliessen sich nicht im gleichen Gange an.[9]) Winterfeld[10]) urteilt darüber: „Die Teilnahme der Gemeine an Choralgesängen, wie die unsers Meisters, setzt eine nicht geringe und zugleich allgemeine Ausbildung des Gesanges bei derselben voraus, selbst wenn wir annehmen, dass dafür in jener Zeit, wo man mit grösserer Liebe, mit tieferer Andacht in der Kirche sang, durch die Schule bereits eine grössere Vorbildung der Gemeindeglieder stattgefunden habe. Und wenn wir auch zugeben müssen, dass der Melo-

---

[9]) Vgl. die Schilderung bei Winterfeld a. a. O. S. 473 ff.
[10]) a. a. O. S. 479 f.

die in Eccard's Sätzen ihr volles Recht geschehen sei, dass er sich der üblichen Singart angeschlossen und sich nirgend willkührliche, den gleichmässigen Fortschritt des Gesanges störende Ruhepunkte erlaubt habe, da seine fortleitenden Zwischensätze niemals hinausgehen über das dem rechten Mass der Melodie geziemende Ausklingen der Schlusstöne jeder einzelnen Zeile... so kann uns doch die Schwierigkeit eines fortdauernd rechten Einstimmens der Gemeine nicht verborgen bleiben, das, wo es einmal unterbrochen war, auch den leitenden Sängerchor, bei so grosser Übermacht jener, notwendig in Verwirrung bringen musste."

Indessen wurden diese Bestrebungen Eccard's, den Gemeindegesang durch Anlehnung an den figurierten (nicht blos einfach harmonischen) Chorgesang zu heben, von anderen weitergeführt.

Am Eingange des 17. Jahrhunderts begegnet uns in Frankfurt a. O. der treffliche Kantor Bartholomäus Gesius[11]). Im Jahre 1601 giebt er ein Buch unter dem Titel heraus: „Geistliche deutsche Lieder D. Martini Lutheri und anderer frommer Christen, welche durchs ganze Jahr in der christlichen Kirche zu singen gebräuchlich, mit vier und fünf Stimmen nach gewöhnlichen Choral-Melodien richtig und lieblich gesetzet." Er bemerkt in der Vorrede, er habe die Psalmen und Lieder, die man darin finde, vor etlichen Jahren in vier und fünf Stimmen gesetzt und vornehmlich darauf gesehen, dass die Gemeinde mitsingen könne, wie auch dieselben bisher in der Kirche und Gemeine zu Frankfurt a. O. zu Gottes Lob und Ehre gebraucht worden seien. Er erinnert aber sodann die Kantoren in den Schulen und Kirchen, „dass solche Lieder bei der christlichen Gemeine sonderlichen angenehm auch lieblich und nützlichen anzuhören sein, wenn sie alternatim in choro und organo gebraucht werden, also, dass ein Knabe mit lieblicher, reiner Stimme einen Vers in organo mitsinge, darauf den andern Vers der chorus musicus, und also jedermann neben dem concentu auch die verständliche Wort in gebräuchlicher und gewöhnlicher Melodie hören und mitsingen kann, welches dann ohne grossen und merklichen Nutzen nicht abgehet." Wir finden hier zum ersten Male an der Schwelle des neuen Jahrhunderts in eigenartiger Weise die Form, dass der von der Orgel allein gespielte Vers von einem Vorsänger und der Gemeinde mitgesungen werden kann, aber es ist nicht ein selbständiger Gemeindegesang, den die Orgel begleitet, sondern umgekehrt, innerhalb des von Chor und Orgel ausgeführten Kunstgesangs wird der Gemeinde

---

[11]) Winterfeld a. a. O. I, S. 359.

die Möglichkeit geboten, sich dem Spiele der Orgel im Gesange anzuschliessen.

Im Jahre 1604 gaben die vier Organisten der Hamburger Stadtkirchen, unter denen Hieronymus Prätorius jedenfalls der hervorragendste und der Hauptverfasser ist, gemeinschaftlich ein Melodien-Gesangbuch heraus [12]). In der Vorrede „An den christlichen Leser" heisst es: „Du wirst in diesem Büchlein finden die allerbesten und in den deutschen Kirchen gebräuchlichsten deutschen Gesänge von dieser löblichen Stadt verordneten vier Organisten in vier Stimmen gesetzet, dass den Diskant auch ein jeder Christ, wenn er schon der Musik unerfahren und nicht schriftkundig, dennoch mit den anderen dreien unterschiedlichen Stimmen fein überein lautend, gleichwie mit Musiciren, und neben und samt ihnen im süssen und lieblichen Tono Gotte dem Herrn singen und mit Herzen und Mund ihn herrlich loben und preisen kann. Denn es hat und singet der Diskant, welcher stets oben stehet, die gewöhnliche und sonderlich dieser Örter bekannte Melodei, welche dann auch gar nicht mit Koloraturen und mit umher fahrenden Kunstgängen schwer gemacht und verlängert, sondern fein schlecht, wie sie auf uns kommen sind, und dem gemeinen Volke in Kirchen und Häusern üblich, ohne jede auch die geringste Veränderung allhie behalten worden." Dann heisst es gegen den Schluss: „In der Kirchen wird es zwar ohne grosse Frucht nicht abgehen können. Denn wenn solche christliche Gesänge entweder die liebe Jugend auf dem Chor her quinkelliert oder auch der Organist auf der Orgel künstlich spielt, oder sie beide ein Chor machen und die Knaben in die Orgeln singen, und die Orgel hinwiederum in den Gesang spielet (als nunmehr in dieser Stadt [Hamburg] gebräuchlich), alsdann mag auch ein jeder Christ seine schlechte Laienstimme nur getrost und laut genug erheben und also nunmehr nicht als das fünfte, sondern als das vierte Rad den Musikwagen des Lobes und Preises göttlichen Namens gewaltiglich mit fortziehen und bis an den Allerhöchsten treiben und bringen helfen."

Man beachte den letzten Satz mit seinem originellen Bilde vom fünften und vierten Rade. Die trefflichen Männer haben das Gefühl, dass der

---

[12]) Melodeyen Gesangbuch, darinn D Luthers vnd ander Christen gebreuchlichsten Gesänge jhren gewöhnlichen Melodeyen nach durch Hieronymum Prätorium, Joachimum Deckerum, Jakobum Prätorium, Davidem Scheidemannum Musicos vnd verordnete Organisten in den vier Caspelkirchen zu Hamburg, in eine Stimme vbergesetzet begriffen sindt. Hamburg durch Samuel Riedinger. 1604. — Ein Exemplar befindet sich auf der hiesigen Stadtbibliothek. Vgl. Winterfeld a. a. O. I, S. 367.

„Musikwagen" eigentlich nur auf Chor und Orgel ruhe, dass die Gemeinde, ästhetisch betrachtet, überflüssig ist. Aber nicht nur konzessionsweise wird sie zum Mitsingen, zur Anlehnung an den Chor aufgerufen. Die echt evangelischen Tonmeister wissen, dass die Gemeinde ein Recht, ja das Hauptrecht hat. Sie wissen aber keinen andern Rat, ihr zu diesem Rechte zu verhelfen, wenn anders sie nicht den figurierten Gesang aufgeben wollen, als dass die Gemeinde zunächst sich gefallen lässt, ihre Selbständigkeit beim Gesange aufzugeben. Sie schaffen ihr die Möglichkeit, ihre Stimme mit denen des Chors und der Orgel, die gemeinsam ihre Selbständigkeit haben und behalten, zu vereinen.

Auch Michael Prätorius verfolgt das Ziel, die Gemeinde anzulocken in den Cantus firmus, in die Melodie, die der Chor figuraliter singt, einzustimmen. In seinem 1605—1607 erschienenen dreiteiligen Werke „Musae Sioniae"[13]) und in dem 1611 erschienenen Werke „Eulogodia Sionia"[14]) dient er freilich zunächst durchaus dem vielstimmigen Kunstgesange. Aber doch schreibt er in der ersten Vorrede zu ersterem Werke: „Demnach ich dieses Jahr über die vornehmsten Gesänge und Psalmen Herrn Lutheri und anderer, wie die in den Kirchen gesungen, mit acht Stimmen zu componieren angefangen und die Melodei derselben, so viel möglich dergestalt in acht genommen, dass die Zuhörer nicht allein die Orgel und andere Instrumente, sondern auch den Text selbst hören, mitsingen und ihre Andacht dabei haben können." Auch wünscht er in der Vorrede zum zweiten Teile der Musae Sioniae, „dass eine liebliche, linde Stimme [von Seiten des Chors] in der Orgel, wenn es sein kann, mit unter gegriffen werde."

Noch deutlicher tritt die Absicht des Michael Prätorius, die Gemeinde bei dem Gesange zu beteiligen, uns entgegen in seiner „Megalynodia Sionia".[15])

Das Magnifikat der Maria, das hier für den Chor figuriert komponiert ist, wird unterbrochen durch deutsche und lateinische Gesänge, unter andern durch das Lied: „Lobt Gott, ihr Christen allzugleich". Indessen ist auch hier nicht die einfache Melodie gegeben, sondern figurierter Chor-

---

[13]) Musae Sioniae Oder Geistliche Concert Gesänge über die fürnembsten Herrn Lutheri vnd anderer Teutsche Psalmen mit VIII Stimmen gesetzet vnd zugleich auff der Orgel vnd Chor mit lebendiger stimm vnd allerhand Instrumenten in der Kirchen zu gebrauchen I Th. Regensburg 1605. II Th Jena 1607. III Th. Helmstädt 1607. — Ein Exemplar ist auf hiesiger Stadtbibliothek.

[14]) Wolfenbüttel 1611. Ein Exemplar ist auf hiesiger Stadtbibliothek.

[15]) Megalynodia Sionia continens Canticum B. Mariae Virginis Magnificat. Wolfenbüttel 1611. Ebenfalls auf der hiesigen Stadtbibliothek.

gesang. Prätorius will diesen deutschen Gesang, dessen einzelne Verse jedesmal den einzelnen lateinischen Versen des Magnifikat folgen, „mit Cantoribus alleine oder zugleich mit blasenden Instrumenten, als Zinken und Posaunen, wo man sie haben kann, in die Orgel oder Regal eingestimmet" singen lassen. Aber er kennt noch einen andern Weg, der dem Volke die Teilnahme ermöglicht: „Man kann in dem ersten Magnificat zwischen jedem Verse entweder ein Gesetz [d. h. eine Verszeile] aus dem Weihnachtsgesange: ‚Christum wir sollen loben schon'... mit der christlichen Gemeine choraliter und figuraliter anfangen, und also einen Vers um den andern aus dem Magnificat und deutschen Gesange bis zum Ende desselben ausführen. Oder aber: ‚Puer natus in Bethlehem' dazwischen singen und zugleich auf der Orgel mit einstimmen."

Im zweiten von ihm komponierten Magnifikat erfahren wir genauer, wie M. Prätorius sich diesen Gemeindegesang denkt. Da werden ebenfalls zwischen den einzelnen Versen des Magnifikat die Lieder: „Allein Gott in der Höh' sei Ehr'" oder „Ein Kindelein so löbelich", oder „Gelobet seist du Jesus Christ" gesungen. Aber nur die erste Zeile dieser Lieder wird im Cantus firmus von der Gemeinde angestimmt. Sodann soll „bald mit der Orgel und ganzem Choro Musico figuraliter die folgenden Reihen [d. h. Verszeilen] „und Dank für seine Gnade" oder „ist uns geboren heute" oder „der du Mensch geboren bist" und fürder bis zum Ende desselbigen einigen Gesetzes [d. h. Verses] vollführen." „Dass ich aber," so sagt er weiter, „in den deutschen Psalmen die ersten Reihen oder Zeilen choraliter gern anfangen und die folgenden Reihen fürder bis zum Ende figuraliter fortfahren lasse, ist die Ursache, damit man also das gemeine Volk mit dem Anfange des Chorals gleichsam zum Mitsingen anlocke und incitiere, sonsten sie vermeinen, es wäre alles figural und derowegen ganz und gar stille schweigen und nicht mitsingen möchten." Allerdings wird durch die Form, in der Prätorius die Komposition bietet, nur der zweifelhafte Vorzug erlangt, dass zwar die Gemeinde in die erste Zeile vielleicht mit Freuden einstimmen wird, aber von der zweiten Zeile an enttäuscht schweigen muss, oder, wenn sie weiter singt, eine heillose Verwirrung anrichten muss, da der folgende künstliche, einzelne Worte oft wiederholende Figuralgesang unmöglich von der Gemeinde mitgesungen werden kann.

Eine dritte Weise aber kennt Prätorius noch in seiner dritten Komposition des Magnifikat. Darnach können zwei oder drei Verse des Liedes: „Erstanden ist der heilige Christ" hintereinander mit der ganzen Gemeinde gesungen werden. „Sintemal es sehr lieblich ist und anmutig zu hören ist, wenn die ganze Versammlung also mit dem Chore und der

Orgel zugleich einstimmt und gleichsam ostendieret und vorstellet, wie es im Himmel, da alle lieben Engel und Heiligen Gottes mit uns das Sanktus, Gloria in excelsis Deo intonieren und anstimmen sollen, zugehen werde." Man sieht allgemein, wie die trefflichen Männer sich mühen, Chor, Orgel und Gemeinde mit einander zu verbinden. Sie wollen einerseits den kunstvollen Figuralgesang beibehalten, ausgestalten und damit die Gottesdienste verschönern, andrerseits wollen sie auch zugleich der Gemeinde die Möglichkeit verschaffen, ihre ihnen gehörigen Gesänge mitzusingen. Aber der Schwierigkeiten sind doch auf diesem Wege zu viele. Man kann nicht beiden Teilen zugleich gerecht werden. Polyphoner, figurierter Kunstgesang und einstimmiger, nur die Melodie vortragender Gemeindegesang können nicht in dieser Verbindung bleiben. Der letzte Vorschlag, den Prätorius macht, ist noch der einzig ausführbare, dass nämlich der Chor einfach harmonisch den Choral singt, die Orgel dieselben Noten spielt, und die Gemeinde in die Melodie des Diskant einstimmt. Dann aber hört allerdings der figurierte Kunstgesang auf.

Aber gerade diese Entwicklung des figurierten Gesangs, die von Eccard anhebt, führt in der vollkommensten Weise die Orgel dem Gemeindegesange als Begleiterin zu.

Vergegenwärtigen wir uns noch einmal das von Eccard Bezweckte.

Wir mussten uns sagen, dass der Chor in dieser Gestalt der ungeübten Gemeinde das Mitsingen der Melodie nicht genügend erleichterte. Wie nun aber, wenn die Orgel, statt des Chors, diese Stimmführung, wie sie Eccard angestrebt hatte, ganz allein übernahm? Wenn die Oberstimme, als die Melodie, laut und tönend der Gemeinde sich zur Führerin anbot? Wenn die begleitenden figurierten Unterstimmen auf den leiseren Registern der Orgel gespielt, nicht so selbständig, wie bei der Ausführung durch den Chor die Gemeinde verwirrend, sich geltend machten? Wenn vielmehr durch diese figurierten leiseren Unterstimmen der gleichmässig fortschreitenden Melodie ein bewegter Untergrund gegeben ward, der als ein Verein melodisch eigentümlich gegliederter Stimmen doch die Melodie zu einem schönen Ganzen verband?

Das war dann eine ganz andere, weit erhabenere Begleitung des Gesangs durch die Orgel, als die eintönige, allzu schwerfällige Form, wie sie in der durch Osiander und Hassler für den Chor bestimmten Weise z. B. von Stade auf die Orgel übertragen worden war.

Hier liegen die Anfänge einer reichen Entwicklung, die in Johann Sebastian Bach ihre höchste Höhe erreicht, bei dem die Begleitung der Orgel ein in sich selbst vollendetes Kunstwerk ist und zugleich zur

Dienerin des Gemeindegesange wird und denselben, indem sie ihn aus den Banden des Chorgesangs befreit, zur vollen Selbständigkeit und Entfaltung verhilft. [16])

Allerdings leidet zunächst der Gemeindegesang und der gesamte Gottesdienst in diesem Jahrhunderte mehr und mehr unter der Herrschaft, welche die Kunstmusik in den Gottesdiensten ausübt. Durch das Jahrhundert hindurch erklingen die Klagen darüber. Grossgebauer in seiner „Wächterstimme aus dem verwüsteten Zion" im Jahre 1660 erhebt laute Klage über die Herrschaft der Kunstmusik und des Orgelspiels. Er ist durchaus nicht ein Gegner der Orgel. „Wollte man," so sagt er, „die Psalmen und geistlichen Lieder der Gemeine durch die Orgeln und Saitenspiele dirigieren und in guter Ordnung halten, auch sie zu mehrerer Aufmunterung gebrauchen, das wäre nicht böse. Und würde das ins Werk gerichtet, was dorten im letzten Psalm stehet: ‚Lobet Ihn mit Posaunen, lobet Ihn mit Psalter und Harfen'. Wenn aber Geist und Mund der Gemeinde Gottes den Herrn lobet, so kann man wohl Posaunen, Psalter und Harfen endlich mit gebrauchen. Aber wenn die Posaunen, Psalter und Harfen Gott loben sollen und die Gemeinde Gottes ist stumm und taub, das mag wohl ein Geplärr und ein verwerfliches Lob sein."[17])

Aus der betreffenden Litteratur hebe ich nur noch hervor das Zeugnis von Muscovius, Pastor Primarius in Lauban, vom Jahre 1694,[18]) der ebenfalls auf das schärfste die Missbräuche der Kunstmusik verurteilt. Er schreibt unter anderem: „Darum ich niemals NB den rechten, sondern nur den Missbrauch der Kirchenmusik nach der Schrift gestraft und bekenne, dass ich schon von vielen Jahren her ein Missfallen über den üppigen, leichtsinnigen, bunten und gar zu krauspen [sic!] neuen Art und Weise, die man im Musizieren treibet, so etwan innerhalb 40 oder 50 Jahren so sehr eingeschlichen, und je mehr und mehr prächtig sich erhaben zum Schaden der Einfältigen eingeführet, in meinem Herzen empfunden und den Trieb selbige zu strafen nicht länger hinterhalten wollen, massen denn, da ich noch in die Schule gegangen, von meinen Tischwirten oft gehört, wie sie sich, dass sie dadurch nicht erbauet würden, beschweret, und das allzuviel wunderliche Coloraturenmachen und seltsame Gurgel-Laufen, da nur alles gejaget wird und hüpfender Weise durch einander gehet, eifrig improbieret und geklaget, dass sie gerne mitsingen wollten, wenn sie vor

---

[16]) Allerdings ist mit dieser Entwicklung zugleich der grosse Verlust des rythmischen Gesangs für unsere Gemeindegottesdienste verbunden gewesen.
[17]) a. a. O. cap. 11, S. 218.
[18]) Bestraffter Missbrauch der Kirchen Music. Lauban 1694.

solchen unerbaulichen, ja ärgerlichen Musizieren dazu gelassen, deutsche Lieder, dazu die Orgel zugleich mit geschlagen, langsam und andächtig gesungen würden. Und diese Beschwerung und Verlangen der Gläubigen hat Gottes Wort zum Grunde, rühret her aus einem Eifer, der rühmlichst ist, und verwirft nicht den rechten Gebrauch, sondern den Missbrauch der edlen Musica."[19])

Wann aber ist die Begleitung des Gemeindegesangs durch die Orgel zu allgemeiner Herrschaft gekommen? Winterfeld schliesst aus dem Worte, das wir vom Jahre 1637 aus Stade's Vorwort mitteilten, „dass in der ersten Hälfte des siebzehnten Jahrhunderts, der in allen evangelischen Kirchen, welche die Orgel nicht gänzlich verworfen haben, nunmehr übliche Gebrauch derselben zu Begleitung des allgemeinen Kirchengesangs als bestehend anzusehen sei," und „dass um 1637 spätestens der Gebrauch der Orgel zu diesem Zwecke bereits allgemein geworden war."[20])

Ich muss diese Behauptung in dieser Allgemeinheit entschieden in Abrede stellen.

---

[19]) S. 36 f. Den Charakter der Figuralmusik schildert Muscovius im folgenden: „Wenn man nämlich die Orgel, Kesselpauken, Trompeten, Posaunen, Schalmeien, Geigen, Flöten durch einander antönet, mit Menschenstimmen hineinschreiet, dass es einem Jäger- oder Hühnergeschrei ähnlicher ist, als einer der Kirchen anständigen Musik, wenn man das gekünstelte Spielen, Streichen, Klingen, Sausen, Brausen und Tönen mit fleischlicher Lust sowohl verrichtet als anhöret und nicht weiss, ob man sich zum Streite rüsten oder abziehen solle. Dergleichen auch, wenn in einer grossen Kirche etwa ein paar Knaben aufgestellet werden, die aufs allerkünstlichste mit einander konzertieren, der Nachtigall am ähnlichsten und subtilsten anschlagen, dass ein andächtiger Zuhörer ein solches durcheinander geworfenes, welches Capaunen-Gelächter, geschwind nach- und durcheinander coloraturieren, tremulieren und trillern eher gar für ein Katzen- oder Hühnergeschrei, als für eine der Kirchen erbauliche gravitätische Musik halten und urteilen muss, dass solche Musik viel besser in einem Frauenzimmergemach bei einem Ehrengelag, mehr zur menschlichen Lust als in der Kirche zur Erbauung verrichtet würde" (S. 37 f., s. auch S. 46 ff.). — Gegen diese Schrift von Muscovius schrieb der dadurch verletzte Laubaner Chori Musici Direktor Chr. Schiff eine Gegenschrift: „Lob der in Gottes Wort wolbegründeten vocal- und Instrumental Kirchen Music" 1694. — Vgl. als Gegner der Figural- und Instrumentalmusik auch Dannhauer Loc. Com. p. 483. 553. Schellwig Cynos. Consc. Quaest. 19. Hektor Mithobius, Psalmodia sacra. Christian Gerber, Pastor zu Lockwitz bei Dresden in seinen „Unerkannten Sünden der Welt" 1703, in denen er auch den Missbrauch der Kirchenmusik geiselt (cap. 81, S. 1059 ff.). Gegen die letztere Schrift schrieb wiederum Georg Motz, Kantor zu Tilse (Tilsit?): „Die Vertheidigte Kirchen-Music" 1703, in der er auf den Choralgesang der Gemeinde dieselben Beschuldigungen häuft, die man gegen den Chorgesang und die Instrumentalmusik vorgebracht hatte.

[20]) a. a. O. II, S. 377. 624.

Wohl mehren sich allmälig die Zeugnisse, welche uns die Verbindung von Orgel und Gemeindegesang bekunden. Aber manchmal ist zunächst diese Ausführung durchaus nicht etwa eine Begleitung des selbstständigen Gemeindegesangs. Lehrreich ist nach dieser Richtung die KO. von Halle vom Jahre 1640 verglichen mit derselben KO. von 1541.[21]) In der letztgenannten früheren Ordnung ist von den Chorgesängen des Knabenchors und von der Chorgesang-Ordnung die Rede. Die Ordnung von 1640 fügt diesem Abschnitte die Worte bei: „Was unter dem Titel von der Kommunion oder Amt gesetzt, bleibt in seiner Ordnung und Gebrauch und sollen die Organisten und Direktores der Musik vor der Predigt sich befleissen, dass es nicht zu lange währe, sondern also eintreffe, dass die Herrn Prediger zur ordentlichen Stunde um 8 Uhr ihren Anfang machen können. [Die Sänger sollen um 7 Uhr beginnen.] So sollen auch nicht textlose Fantaseyen und andere Stücke, so auf Kirchen-gravitaet und Andacht nicht gerichtet, sondern fürnehmlich bekannte, andächtige und bewegende Gesänge de tempore und nach obbemeldter Choragende genommen und musizieret werden, also dass die Orgel und etwa auch andere musikalische Instrumente mit in die Gesänge gehen und das Volk sich damit conjugieren." Hier erscheint also noch der Chor mit der Orgel und Instrumentalmusik als die Hauptsache. Nicht sind diese dazu da, den Gemeindegesang zu stützen, sondern umgekehrt, der Gemeindegesang darf sich an jene anlehnen. Es ist das die Form, die wir bei Eccard, Gesius, Hieron. und Mich. Prätorius fanden, und nicht der selbständige Gemeindegesang mit Orgelbegleitung.[22]) In der Halle'schen KO. von 1660 ist dasselbe wiederholt.

In der Predigt, womit im Jahre 1664 die neue Orgel in der Liebfrauenkirche in Halle eingeweiht wurde[23]), finden wir ebenfalls nur die Bedeutung der Instrumentalmusik und Kunstmusik betont. Charakteristisch ist die an dem Tage innegehaltene Gottesdienstordnung, welche der Predigt beigefügt ist. Da finden sich nicht weniger als zehn Musikstücke, welche von allen möglichen Instrumenten allein, teilweise auch vom Chore unter

---

[21]) Die letztgenannte KO. mit den 1640 u. 1660 zugefügten Ergänzungen ist abgedruckt in Dreyhaupt, Beschreibung des Saalkreises I, S. 995.

[22]) Dass übrigens diese Form der Beteiligung seitens der Gemeinde schon 1617 in Halle gebräuchlich war, bezeugt die in diesem Jahre in der Ulrichskirche gehaltene Jubelpredigt, in der es heisst: „dass in die in Choro et organo ausgeführten Stücke auch der gemeine Mann und die ganze Gemeine mit drein singen könne." (Röber, Ein schön Brautlied. Im Chr. Ev. Luth. Jubel-Jahr 1618 S. 9).

[23]) Gottfried Olearius Encoenia Hier-Organica oder christliche Orgelweyhe, Halle 1664.

Beifügung der Instrumentalmusik ausgeführt werden. Nur am Anfange des Gottesdienstes wird der Choral: „Allein Gott in der Höh sei Ehr" und am Schlusse, vor dem Segen: „Herr Gott dich loben wir" gesungen, wobei nicht erwähnt wird, dass die Orgel sie zu begleiten hat. Man sieht auch hier, dass die Orgel eigentlich nur im Dienste der Kunstmusik stand.

Andrerseits finden wir auch öfters im 17. Jahrh. Bestimmungen über die Begleitung der Gemeindegesänge durch den Organisten. Vielfach aber wird diese Begleitung doch nur als eine gelegentliche und durchaus nicht obligatorische bezeichnet.

Wir fanden in den Kirchenordnungen für Braunschweig-Lüneburg von 1564, 1569 und 1619, sowie für Braunschweig-Wolfenbüttel von 1615 gleichlautende Bestimmungen, welche die Begleitung des Gesangs seitens der Orgel ausschliessen.[24] Anders geworden ist dies in der KO. für Braunschweig-Lüneburg von 1657. Hier finden wir folgende Anordnungen: Für die Sonnabendvesper ist bestimmt, dass das Magnifikat bisweilen deutsch, bisweilen lateinisch gesungen werden soll, und wo Orgeln sind, soll bei dem vorausgehenden Hymnus und dem Magnifikat ein Vers um den andern auf der Orgel gespielt oder zugleich darinnen figuraliter musizieret oder gesungen werden. Das ist zunächst die uns bisher schon bekannte Form des Kunstgesangs.[25] In der Messe (dem Hauptgottesdienste) aber ist geordnet: „Nach Verlesung der Epistel singe man aus den gemeinen Gesangbüchern einen deutschen Psalm oder Gesang de Tempore [also an Stelle des Graduale in der römischen Messe, welches der Chor singt]. Und kann bei dergleichen Gesängen der Organist auf der Orgel die Gesänge fein langsam in Contrapuncto, wie es die Musici nennen, mit musicieren." Man beachte wohl: Der Organist kann es thun; es ist diese Weise nicht obligatorisch. Dazu kommt, dass vorher bei dem Gesange des deutschen Gloria: „Allein Gott in der Höh' sei Ehr", und sodann später bei dem deutschen Credo: „Wir glauben all an einen Gott", welches die ganze Gemeinde singen soll, nichts von dieser gestatteten Begleitung durch die Orgel gesagt ist. Ebensowenig ist es für den Gesang der Gemeinde nach der Predigt freigestellt, wo unterweilen die Gesänge: „Nun bitten wir den heiligen Geist", zu Weihnachten: „Ein Kindelein so löbelich", zu Ostern: „Also heilig ist der Tag" und „Christ ist erstanden", zu Pfingsten: „Komm heil'ger Geist Herre Gott" gesungen werden sollen. Es heisst weiter: „Sobald die Communion angefangen wird, soll

---

[24] s. oben S. 28.
[25] s. oben SS. 28. 29. 31.

die ganze Gemeine gestracks ohne einiges vorhergegangenes Spiel auf der Orgel, oder einigen andern Gesang langsam und mit Andacht singen: O Lamm Gottes". Man beachte: Für alle die bekannten und in der Melodie der Gemeinde wohl vertrauten Gesänge wird die Orgel nicht vorgesehen. Nur bei dem Liede nach der Epistel, das aus „den gemeinen Gesangbüchern", also aus dem grösseren Liederschatze gewählt wird, ist die Orgelbegleitung gestattet. Man wird wohl nicht irren, dass dies mit Rücksicht auf die unbekannteren, neuen Melodien zur Unterstützung der Gemeinde zugelassen wird.

Ja, auch noch die im Jahre 1709 von Herzog Anton Ulrich herausgegebene KO. für dasselbe Gebiet Braunschweig-Lüneburg verordnet:[26]) „In den Kirchen, wo Orgeln sein, sollen die Organisten, um die Melodei und den anstimmenden Gesang kund zu machen, einen Vers jedoch ohne Variation vorschlagen, auch wohl zuweilen [!] unter dem Gesange, jedoch so gelinde, dass man das Singen der Gemeine hören und vernehmen kann, die Orgel rühren ... wie denn die Organisten sich auch des weitläufigen Präambulierens enthalten und durchaus keine weltlichen Stücke gebrauchen sollen."

Ähnlich bestimmt die Hanau'sche KO. von 1659:[27]) „unter den Gesang der Gemeinde zu schlagen, stehet dem Organisten allezeit frei."

Bestimmter tritt die Orgelbegleitung in der Lippe'schen KO. von 1684 als verordnet uns entgegen. Dort heisst es:[28]) „Ob zwar die Orgel und andere musikalische Instrumente und deren Gespiel keine Stücke des christlichen Gottesdienstes sind ... gleichwohl dieweil die Orgeln in der Kirche gebraucht werden, den Gesang in seiner rechten Melodei anzustimmen und in guter harmonia zu moderieren und fortzuführen, gestalt hiezu in den meisten Kirchen dieser Grafschaft Orgeln sich finden, ist nötig, dass auch von dem Dienste der Organisten etwas gewisses verordnet wird ... Aller üppigen Modulation und aller Weltlieder und Melodien soll er sich auf der Orgel zumal enthalten, sondern allein die zu jedem Mal verordneten und angeschriebenen Psalmen und christlichen Lieder ohne mancherlei Variation, auch ohne lange und wiederholte praeambula fein schlecht und rein anstimmen und also hören lassen, dass jedermann solches wohl vernehmen und singen könne. ... Die Orgel soll auch bei der Versammlung der Gemeine niemals allein schlagen, sondern allzeit darunter mit gesungen werden."

---

[26]) I, S. 86.
[27]) S. 5.
[28]) S. 175 ff.

Dass im Jahre 1647 in Quedlinburg die Orgelbegleitung im Gebrauche war, bezeugt die Leichenpredigt für den dortigen Organisten Caspar Krüger vom genannten Jahre, in welcher demselben nachgerühmt wird, „entweder allein oder unter dem Gesange der ganzen Gemeine öffentlich die Orgel gerühret und geschlagen zu haben." [29])

Zweifelhaft könnte man sein bei der Magdeburger KO. von 1652, die den eigenartigen Titel führt: „Kirchen Policey und Process Ordnungen . . . Darnach im . . . Ertz Stifft Magdeburg sich männiglich zu achten. Publiciert 6. Juli 1652." Dort [30]) wird das Figuralsingen und das Orgeln in den Kirchen eingeschränkt, „damit die Gemeine desto mehr Zeit habe, ihre geistlichen Gesänge in bekannter Muttersprache mit Andacht zu singen." Sodann wird verordnet: „Auch soll der Organist dasjenige auf der Orgel schlagen, was bei Versammlung der Gemeine gesungen wird." Man könnte wohl den letzten Satz auch also verstehen, wie er zweifellos in der Strassburger KO. von 1598 und der Coburger KO. von 1626 gemeint war, [31]) dass die Melodie der Gemeinde vorgespielt wird, auch wenn das in der erstgenannten KO. eingefügte, „was hernach die Gemeinde singen soll," fehlt.

Indessen ist es wahrscheinlich, dass in Magdeburg um 1650 Begleitung des Gemeindegesangs durch die Orgel eingeführt war. In der Churbrandenburg-Magdeburger KO. von 1685 und der Magdeburg-Mansfelder KO. von 1680 und von 1739 finden sich nämlich dieselben Anordnungen wörtlich wieder. Dass aber damals der Chor wenigstens in den Vespergottesdiensten die Choräle mit Orgelbegleitung sang, wird uns bezeugt. Es wird in den letztgenannten Ordnungen betreffs der Vesper angeordnet, es sollen (vom Chor) „nur Choral- deutsche- Fest- Buss- und andere geistreiche und keine lateinische Lieder gesungen, auch in denen Städten nicht figurieret und musicieret, sondern nur die Orgel eingeschlagen werden." [32]) Daraus darf man wohl auch schliessen, dass die Worte: „Auch soll der Organist auf der Orgel schlagen, was bei Versammlung der Gemeinde gesungen wird," für die Orgelbegleitung verstanden werden soll.

Andere KOO. des 17. Jahrhunderts schweigen ganz und gar von dem Orgelspiele als Begleitung des Gemeindegesangs. Die KO. von

---

[29]) Leichenpredigt Caspar Krüger's, Raths Kämmerers, Musici und 48jährigen Organisten zu St. Nikolai in Quedlinburg 1647.
[30]) S. 30.
[31]) s. oben SS. 29. 45.
[32]) S. 21.

Rotenburg an der Tauber von 1668 wiederholt wörtlich betreffs der Kirchenmusik und der Orgeln nur die Anweisungen der gleichen KO. von 1611, zu welcher Zeit zweifellos noch keine Begleitung war.[33]) Sie spricht wohl von dem Kunstgesange der Schüler und andrerseits von den „Psalmen und geistlichen Gesängen, die in unserer bekannten und Muttersprache in Versammlung der christlichen Gemeine gesungen werden." Wenn sie aber sodann auf die Orgeln zu sprechen kommt, so verteidigt sie ihren Gebrauch, „wenn anders nichts denn christliche, geistliche Motetten, Psalmen und Gesänge gespielet und durch Verlängerung derselben die Zuhörer an anderem, so notwendiger und mehr verstanden wird, nicht verhindert und aufgehalten werden." Beim Abendmahle wird für den Fall grosser Kälte gestattet, statt des Gesangs des Sanktus kurz zu orgeln. Nach alledem scheint diese KO. wie die KOO. des 16. Jahrhunderts nur selbständige Vorträge der Orgel zu kennen. — Die Weimar'sche KO. von 1658 enthält gar nichts über das Orgelspiel.

Lehrreich ist besonders die Entwicklung in Mecklenburg, wenn wir die KO. von 1552, die revidierte KO. von 1650 und endlich die im Jahre 1709 erschienene kirchenregimentliche Erläuterung derselben KO. mit einander vergleichen.

Die KO. von 1552 enthält kein Wort von der Orgel. Die revidierte KO. von 1650 hat aber verschiedene Zusätze aufgenommen. Gemeinsam heisst es in beiden KOO. bei der Sonnabendvesper: „Nach der Lection singe man das Magnificat deutsch oder lateinisch." Dann folgt 1650 der Zusatz: „Wo aber Orgeln sind, soll der Organist einen Vers um den andern schlagen."[34]) Betreffs des Sonntagsgottesdienstes empfängt die zweite KO. folgenden Zusatz: „Damit es aber mit diesen Ceremonien auf die Sonntage nicht zu lange währe und darüber die Leute überdrüssig werden, insonderheit an den Orten, da Orgeln gebraucht werden, soll der Organist mit seinem Schlagen sich auch nach Gelegenheit der Zeit richten, damit der Prediger auf den gewöhnlichen Glockenschlag anfange und zwischen den Psalmen und andern Gesängen vor und nach der Predigt nicht zu lange georgelt werde. Wie er denn auch der Prediger Anordnungen wegen der Gesänge billigen Gehorsam leisten und in Schlagen allezeit sich der Psalmen, guten Choralgesangs und Motetten sich befleissigen und aller Leichtfertigkeit und weltlicher Lieder enthalten soll, damit der Gottesdienst nicht verunheiliget, sondern gezieret und vermehret und die Herzen der Leute zum Lobe und Preise Gottes hierdurch erwecket werden mögen."

---
[33]) S. 188.
[34]) S. 79b resp. 150a.

In dem ganzen Abschnitte ist also nur von den Vorträgen der Orgel die Rede.

Was aber den Gemeindegesang betrifft, so wird in beiden KOO. von 1552 und 1650 gleichmässig verfügt,[35]) dass die Festlieder an den hohen Festen die Prediger von der Kanzel, wenn sie die Predigt anfangen, mit dem Volke singen. Ebenso soll nach der Predigt der Pfarrherr auf der Kanzel ein Lied zu singen anfangen.[36]) Dabei fügt aber die KO. von 1650 hinzu: „So sollen auch die Pastores ihre Zuhörer vermahnen, dass sie die Psalmen in der öffentlichen Versammlung mitsingen, Gott zu Lob und Ehren und ihnen selbst zu Trost und Erquickung und Besserung. Und dieweil an vielen Orten auf den Dörfern die Leute wenig oder bisweilen wohl gar keinen Psalmen wissen und singen können, etliche aber auch wohl des groben Unverstands sind, als wenn nur allein dem Pastor und Küster amtshalben zu singen gebühre, so sollen die Pastores sie recht hiervon unterrichten und mit Fleiss dazu anhalten und gewöhnen, dass sie etliche gewöhnliche Psalmen lernen und mitsingen nach Gelegenheit der Zeit und Feste." Das alles lässt darauf schliessen, dass auch um 1650 die Orgelbegleitung in Mecklenburg nicht in Übung war.

Dagegen wird in den oben genannten Erläuterungen zu der KO. aus dem Jahre 1708 bestimmt:[37]) „Wie das Gesänge in der Kirche in der Prediger Einrichtung ordentlich bleibet, so soll es auch von den Cantoribus und Vorsängern mit einer temperierten Langsamkeit geschehen, das Orgelwerk andächtiglich gemässiget und zu den Gesängen eingeschlagen, auch die concentus artificiosi nicht allzusehr verkünstelt, sondern zu mehrer Erbauung dahin eingerichtet werden, dass es verständlich sei."

Die revidierte Strassburger KO. von 1670 enthält noch dieselben Bestimmungen, die wir im Jahre 1598 (s. oben S. 29) daselbst fanden.

In der Vorrede zum Lauban'schen Gesangbuch von 1707 heisst es betreffs der Gesänge: „Die meisten sind nach bekannten Melodien eingerichtet. Die aber keine Melodie haben, müssen so lange von den Einfältigen nur zur Unterhaltung der Gebetsandacht gebrauchet werden, bis der Melodieen wegen Rat geschafft und von dem vorsingenden Chore können erlernet werden." Ist es schon auffällig, dass hier nur der Chor und nicht auch die Orgel als Helferin für die Melodie genannt wird, so geben uns die oben erwähnten Klagen des Muscovius[38]) Aufschluss,

---

[35]) S. 88b resp. 161a.
[36]) S. 91a resp. 165b.
[37]) Abschn. V, No. 7.
[38]) s. oben S. 56.

wie thatsächlich in jener Zeit in Lauban die Orgel völlig mit dem Kunstgesange verbunden war.

Auch aus der Vorrede, die Heinrich Georg Neuss im Jahre 1712 dem Wernigeroder Gesangbuche vorausschickte, scheint hervorzugehen, dass in dem genannten Jahre die Orgelbegleitung in Wernigerode noch nicht üblich war. Neuss klagt darüber, dass die schönsten alten Gesänge nur aus Gewohnheit und nicht mit Andacht gesungen werden. „Dem Dinge aber in etwas abzuhelfen ist ratsam, dass man sich der neuen Lieder mit gebrauche, damit die Gemüter aus dem Schlafe der Gewohnheit erwecket und aufgemuntert werden. Indem auch dieser Unrat daher mit entstehet, weil an manchem Orte mit den Liedern so sehr gejaget wird, dass eine Syllabe die andere nicht räumen kann, wodurch die Gemüter in Unordnung gesetzet und die Andacht gestöret wird, so ist zu raten, dass **Prediger und Sänger samt den Gemeinden dahin mit Ernst arbeiten, damit fein ordentlich langsam und andächtig gesungen und bei jedem Versikul etwas länger ausgehalten, auch einem jeglichen Worte seine Zeit zur Andacht gelassen werde.**" Wenn wirklich damals die Orgelbegleitung schon im Gebrauch gewesen wäre, hätte unbedingt der Organist vor allem oder ganz allein verantwortlich gemacht werden müssen für das richtige Tempo, oder zum wenigsten hätte er mit den Sängern genannt werden müssen. Was nützen alle Bemühungen für das richtige Tempo von seiten der Prediger, der Sänger, der Gemeinde, wenn nicht vor allem die Orgel darin die rechte Weise übt?

Thatsache aber ist es, dass noch ein volles Jahrhundert, nachdem wir die ersten bestimmten Angaben über die Orgelbegleitung haben, in Nordhausen Orgel und Gemeinde neben einander hergingen. Die fürstliche Bibliothek zu Wernigerode enthält auch eine ganze Reihe Ausgaben des Nordhausen'schen Gesangbuchs, zuerst erschienen 1685, neu aufgelegt 1712, 1724, 1729. In all diesen Ausgaben desselben Gesangbuchs findet sich bei jedem Liede ein Buchstabe vorn vor dem Liede und einer (meist der gleiche) nach dem Liede. Dem Gesangbuche ist in allen genannten Auflagen folgende erklärende Vorbemerkung vorgedruckt: „Erstlich stehet vor dem Lied neben der Römerzahl zur Linken ein einzelner lateinischer Buchstabe; der deutet dem gelehrten Sänger [d. h. dem Kantor] an, in welchem Ton das Lied anzufangen ist. Der Buchstabe nach dem Lied weiset dem Organisten das Bassfinal." Daraus ergiebt sich, dass die Lieder a capella angestimmt und durchgesungen wurden. Der Organist aber spielte das Postludium oder vielleicht auch einen Vers allein.

In der im Jahre 1735 erscheinenden neuen Auflage des Gesangbuchs ist diese Einrichtung fortgefallen. Da heisst es vielmehr in der Vorrede: „Im übrigen dient auch zur Nachricht wegen den unbekannten Melodien, dass die über den Liedern angemerkte Nummer mit kleinen Ziffern auf das ordentliche Choralbuch sich beziehe, welches an alle hiesigen Organisten, wie auch in die Schule gegeben worden, wovon auch sonst jedermann Abschrift erhalten kann." [39]) Demnach ist in jener Zeit die Orgelbegleitung für den Gemeindegesang eingeführt worden.

Als ein Zeugnis für eine umfassendere Einführung der Orgel als begleitendes Instrument kann die Ulmer KO. von 1747 gelten.

„Es ist unleugbar," so heisst es in dem Abschnitte: „Von dem Gesang insgemein dem Kirchengesang und Music," „dass sowohl geistliche, liebliche Lieder machen als auch in angenehme Melodien bringen, lieblich absingen, künstlich mit musikalischen Instrumenten darein spielen, eine Gabe Gottes sei, die Andacht zu erwecken... besonders da die Orgeln bei grossen Gemeinden, dieselbe unter dem Gesang im rechten gleichen Ton zu erhalten, ungemein nützlich seien."

Aus den Einzelanordnungen hebe ich noch folgendes hervor: Alle Sonn-, Fest- und Feiertage soll zunächst der Organist das Lied: „Gott der Vater wohn' uns bei," welches an den hohen Festen mit den bekannten alten Festliedern wechselt, präludieren, worauf der Succentor das ganze Lied der Gemeinde vorsingt. Hier fehlt also die Orgelbegleitung. Nach der Epistel ist das von dem Prediger bestimmte und an den Kirchthüren aufgesteckte Lied nach vorheriger Präludierung mit der Orgel von dem Singechore anzustimmen und so lange unter währendem Orgelschlagen zu continuieren, bis etwa eine kleine Viertelstunde vor dem letzten Glockenlaute mit der Orgel ein Zeichen zu Endigung solches Gesanges gegeben wird,[40]) darauf auf der Orgel figuraliter und instrumentaliter musizieret wird, bei welcher Musik der Kantor sich einzufinden, seine Stimme zu singen und zu taktieren hat. Diese Musik währet, bis das letzte Zeichen mit der Glocke gegeben wird, da das Lied: „Komm heil'ger Geist, Herre Gott" ganz, unter Schlagung der Orgel, gesungen wird. Von Sonntag Judica an bis Ende der Charwoche soll die

---

[39]) Meine Nachforschungen nach diesem Choralbuche in Nordhausen sind leider vergeblich gewesen. Es scheint nach den obigen Worten auch nur zunächst handschriftlich existiert zu haben.

[40]) Das kann leicht dadurch gegeben werden, dass der letzte zu singende Vers ohne Zwischenspiel sich an den vorletzten anschliesst, oder die ersten Töne des letzten Verses von der Orgel pausiert werden, wie dies auch noch heute üblich ist.

Orgel ganz geschlossen werden, aber der Gesang der Gemeinde soll bleiben. Nach vollendeter Morgenpredigt wird an allen Sonntagen, an denen man Kommunion hält, das apostolische Symbolum, mit einem vorhergehenden Präludium der Orgel **unter anhaltendem Orgelschlagen vor der Consekration gesungen.**[41])

Nach der Konsekration folgt öfters eine vom Kantor, dem Chore und den Musikanten ausgeführte Motette. Derartige Motetten mit Instrumentalbegleitung (Zinken und Posaunen) sollen auch an dieser Stelle an all den Tagen der Passionszeit aufgeführt werden, an denen die Orgel schweigen soll (!). Wird keine Motette vor der Konsekration gesungen, so folgt Figuralmusik nach derselben. Nach Endigung dieser Musik wird **von der Orgel das Kommunionlied präludiert, zwei oder drei Strophen derselben ohne Orgelschlag gesungen, sodann wieder präludiert und also alternatim fortgefahren** (also hier ein Wechsel von Gesang der Gemeinde und Orgelspiel), bis gegen Ende der Kommunion das Lied: „Gott sei gelobet" **unter Schlagung der Orgel gesungen** wird, und mit einem Postludio der Gottesdienst geschlossen wird.

Ähnlich ist die Anordnung für den Mittaggottesdienst um 11 Uhr und bei der „Abendpredigt" um 3 Uhr, sowie in den Betstunden und bei den feierlichen Trauungen.

Wenn wir darnach auch die Orgelbegleitung um die Mitte des 18. Jahrhunderts in Ulm in ausgedehntem Masse finden, so ist doch keinesfalls Gemeindegesang und Orgel stets verbunden. Im Gegenteil: Wir finden einen wohlthuenden Wechsel. Auch der volle Gemeindegesang ohne Orgelbegleitung kommt in einzelnen Stücken des Gottesdienstes zur Geltung.[42])

Claus Harms[43]) bezeugt aus unserem Jahrhunderte noch, dass in manchen Kirchen Schleswig-Holstein's beim Gottesdienste nicht alle

---

[41]) Gemeint ist natürlich Luther's: „Wir glauben all an einen Gott." Man beachte die ganz auffällige Gottesdienstordnung, die das Credo vor die Abendmahlsfeier stellt, obgleich dies wohl der ursprünglichen Auffassung des Credo mehr entspricht, als Sammlung der geschlossenen Gemeinde für die Abendmahlsfeier.

[42]) Vgl. Philipp Spitta, Joh. Seb. Bach II, S. 109: „Die nach und nach herrschend gewordene Sitte, den Gemeindegesang stets mit der Orgel zu begleiten, existierte damals [d. h. zu Bach's Zeiten] in Leipzig noch nicht. Wenigstens das Kanzellied wurde stets ohne Orgelbegleitung gesungen. Bei der Reformationsfeier im Jahre 1755 u. 1757 wurde von dieser Sitte abgewichen. Die so herbeigeführte Abwechslung machte den Kultus reicher und farbiger. Bei der Kombination von Orgel und Chorgesang zeigt sich dasselbe Bestreben. Die Choralisten der Nikolaikirche sangen in der Mette das Te deum laudamus so, dass sie Vers um Vers mit der Orgel alternierten."

[43]) Pastoralth. II, S. 113.

Gesänge, sondern nur einige, anderwärts selbst der Hauptgesang nicht von Anfang bis Ende von der Orgel begleitet wurden. In Ostfriesland, diesem durchaus konservativem Lande, ist es noch heute Sitte,[44]) dass stets abwechselnd ein Vers mit, ein Vers ohne Orgelbegleitung gesungen wird. — Auch in der Umgegend von Rotenburg a. d. T. und gewiss auch anderwärts geschieht vielfach ein derartiger Wechsel.

Zuletzt sei an dieser Stelle aus demselben Rotenburg nach einem in den Ratsakten befindlichen Briefe des Organisten Buttstett ums Jahr 1770 die Thatsache mitgeteilt, dass in jener Zeit die Alumnen im Chore die Lieder sangen und die Gemeinde sich nach Sopran, Alt, Tenor und Bass richteten. Weil aber das bisherige vierstimmige Choralbuch so gesetzt war, „dass die Gemeinde herauskommt aus den festen Tönchen," erbietet sich Buttstett zur Umarbeitung des Buches; es soll dann nach seinen Choralsätzen von den „Kurrendeschülern gesungen werden im rechten Takt und Rythmus, auch vom Turme also geblasen werden, damit sich die Leute daran gewöhnen und in feiner Harmonie im Gottesdienste singen".[45]) Darnach scheint die Stadt, die wie keine andere Stadt Deutschlands ihr altes Gepräge gewahrt hat, auch noch am Ende des 18. Jahrhunderts der Ordnung treu geblieben zu sein, die wir in den Jahren 1611 und 1668 bei ihr fanden, dass ohne Begleitung der Orgel, aber vierstimmig mit dem Chore, die Gemeinde die Choräle gesungen hat.

Wir haben bisher in diesem Abschnitte nur die Beziehungen der Orgel zu dem Chor- und Gemeindegesange in Betracht gezogen. Es bleiben uns noch die Fragen über den Gebrauch des Orgelspiels als Präludium (resp. Postludium) und innerhalb des liturgischen Altardienstes zu betrachten übrig.

In Bezug auf das erstgenannte Stück können wir uns kurz fassen. Das „Präambulum" wurde je mehr und mehr zum kunstvollen „Präludium." Im 16. Jahrhundert hatten die beiden Gabrieli diese selbständigen Präludien in die von ihnen komponierten Messen aufgenommen. Im evangelischen Gottesdienste hat von Anfang an auch dieses selbständige Stück der Orgel seine Stelle gehabt. Es war aber ganz besonders der Verwelt-

---

[44]) Nach mündlicher Mitteilung seitens des Herrn Pastor D. Hölscher in Leipzig.
[45]) Diese Mitteilung verdanke ich Herrn Hilfsprediger Fikenscher in Rotenburg a. d. T. Derselbe hat mich auch auf die daselbst vor kurzem erst aufgefundene älteste KO. von Rotenburg von 1559, die bisher nicht bekannt war, aufmerksam gemacht.

lichung ausgesetzt. Deshalb finden wir die vielen Klagen und die Warnungen, nicht weltliche oder gar unlautere Melodien aufzunehmen. Im 17. Jahrhundert bildete sich das Präludium in der evangelischen Kirche zum Orgelchoral aus, in dem der Choral selbst das Thema des figurierten Satzes bildet. Samuel Scheidt mit seiner Tabulatura nova (3 Teile) vom Jahre 1624 ist der eigentliche Begründer desselben,[46]) den später andere (z. B. Pachelbel) weiter ausbildete[47]), und der durch Joh. Sebastian Bach zur höchsten Vollendung kam. Bach schuf freie instrumentale Musikstücke, die in durchaus selbständigen Gedanken die Stimmung eines bestimmten Chorals zum Ausdruck brachten, und verwob damit als den eigentlichen musikalischen Mittelpunkt die Choralmelodie. Doch diese Schöpfungen gehören ja allein dem musikalischen Gebiete an, in welchem mir kein selbständiges Urteil zusteht.

Was aber den übrigen, liturgischen Teil des Gottesdienstes betrifft, so finden wir auch im 17. Jahrhundert die Formen des Wechsels zwischen Chor (oder Gemeinde) einerseits und der Orgel andrerseits, wie wir solchen im römischen und lutherischen Gottesdienste des 16. Jahrhunderts fanden.[48])

Es hat uns Herold in seiner Schrift: „Alt-Nürnberg und seine Gottesdienste" einen dankenswerten Einblick in die Gottesdienste Nürnberg's in der zweiten Hälfte des 17. Jahrhunderts gewährt.[49])

---

[46]) Soeben (1892) ist dieses bedeutsame Werk als erster Teil der „Denkmäler deutscher Tonkunst, herausgegeben durch eine von der Kgl. Regierung berufene Kommission. Leipzig, Breitkopf u. Härtel" neu erschienen. Der Verfasser nennt sein Werk selbst in der Vorrede zum 3. Teil: „(opus) in gratiam potissimum eorum elaboratum, qui pure et absque ullo colore Organo ludere gaudent." Es ist zu bedauern, dass die vortreffliche Einleitung ausser den musikalischen nicht auch die liturgischen Gesichtspunkte für das Verständnis des Werkes herbeigezogen hat.

[47]) Vgl. Ph. Spitta a. a. O. I, S. 96 ff.

[48]) s. oben S. 11 ff. 22 f.

[49]) Herold hat S. 122 zwei Gottesdienstordnungen der Nürnberger Kirchen von 1664 und 1697 leider nicht gesondert, sondern „in einander gearbeitet" gegeben, ohne dass das Eigentümliche der einen oder anderen Ordnung angemerkt ist. Wir fügen als ein Beispiel die Ordnung der Frühmesse in St. Lorenz (S. 102 f.) vollständig bei: 1. Praeludium der Orgel. 2. Ein zum Fest passender (ordinatum) Versikel. 3. Die Orgel moduliert. 4. Der Chor singt den Introitus. 5. Orgelspiel. 6. Kyrie eleison. 7. Orgelspiel. 8. Christe eleison. 9. Orgelspiel. 10. Kyrie eleison. 11. Der Geistliche singt: Gloria in excelsis Deo. 12. Der Organist moduliert. 13. Der Chor singt die Worte: Gratias agimus tibi — Jesu Christe unigenite. 14. Der Organist moduliert weiter. 15. Der Chor singt: Quoniam tu solus — Jesu Christe. 16. Der Geistliche singt die Kollekte. 17. Lektion der Epistel. 18. Pulsantur organa. 19. Chor: Halleluja oder Tractus oder Sequenz. 20. Lektion des Evangeliums.

Da finden wir noch ganz deutlich neben den Präludien auch für einzelne Stücke den Wechsel von Chor und Orgel. In den verschiedenen Kirchen und den verschiedenen Gottesdiensten wird es allerdings verschieden gehandhabt.

In der Sonnabendvesper bei St. Sebald wird das Magnifikat also ausgeführt, dass den einen Vers der Chor singt, den andern die Orgel spielt.

In der Frühmette zu St. Sebald wird der Introitus, das Kyrie, Gloria und Credo vom Chore ganz und zwar lateinisch gesungen, während dessen die Gemeinde deutsche Gebete lesen soll(!). Dagegen werden im Tagamt zu St. Sebald die Stücke also ausgeführt, dass den vom Chore angestimmten Introitus die Orgel ergänzt (Organista modulatur), dass während der Chor das erste und dritte Glied des Kyrie eleison singt, die Orgel das Mittelglied (Christe eleison) ersetzt. („Der Organist modulirt an Stelle des Christe eleison.") Ebenso wird das Gloria so ausgeführt, dass nur abwechselnd mit der Orgel der Chor die betreffenden Glieder singt. Ähnlich wird am Weihnachts- und Osterfest, wenn ein Traktus gesungen wird, der erste Teil ausgelassen, und moduliert der Organist an seiner Statt.

In St. Lorenz ist es etwas anders: In der Vesper am Vorabend der Feste ergänzt die Orgel die von den Diskantisten angefangene Antiphonie und die vom Geistlichen angestimmte Antiphonie des Magnifikat, während sodann der Chor das Magnifikat figuraliter singt.

Bei der Frühmesse (s. Anm. 49) ergänzt die Orgel zwar nicht Stücke des Kyrie, des Sanktus und Benediktus und des Agnus Dei, aber zwischen den einzelnen vom Chore gesungenen Gliedern spielt jedesmal die Orgel. Dagegen wird das vom Geistlichen angestimmte Gloria mit dem angefügten Laudamus te etc. durchaus wechselweise von Chor und Orgel durchgeführt. Das Credo dagegen singt der Chor ununterbrochen.

---

21. Der Geistliche am Altar praecinit: Credo in unum deum. 22. Der Chor singt das ganze Credo hinaus. 23. Abendmahlsvermahnung. 24. Einsetzungsworte. 25. Orgelspiel. 26. Chor singt Sanctus. 27. Orgelspiel. 28. Chor: Pleni sunt coeli et terra gloria tua. 29. Orgelspiel. 30. Chor: Benedictus, qui venit in nomine Domini. 31. Vaterunser, vom Geistlichen gesungen. 32. Chor: Amen. 33. Geistl.: Der Friede des Herrn sei mit euch allen. 34. Chor: Amen. 35. Organista modulatur. 36. Chor: Agnus Dei, qui etc. 37. Orgel moduliert. 38. Chor: Agnus Dei, qui etc. 39. Orgel moduliert. 40. Agnus Dei etc. da nobis pacem. 41. Organista praeit tonum Cantionis (leitet den deutschen Gesang ein). 42. Der Chor fügt den Gesang bei, und so wird dies bis zum Ende fortgesetzt. 43. Nach der Kommunion folgt die Danksagungskollekte. 44. Die beiden Geistlichen am Altar singen Benedicamus domino. (An Septuag. und von Ostern bis Trinitatis wird zugesetzt: Halleluja). 45. Deo dicamus gratiam. 46. Segen.

In der Vesper von Advent bis Lichtmess werden die zugehörigen Hymnen aus der Kirchenzeit immer so gesungen, dass ein Vers wörtlich vorgetragen und für den andern die Orgel gespielt wird. Im Magnifikat wechseln ebenfalls die Verse zwischen Chor und Orgel.

Wieder abweichend ist die Sonntagsvesper von Quasimodogeniti bis Exaudi. Den Anfang macht hier die Orgel, mit welcher der Schülerchor abwechselnd die Worte aus der Messe Kyrie eleison, Christe eleison, Kyrie eleison singt. Hierauf singen die Schüler fünf oder sechs Verse des 114. Psalms, wobei zwischen die einzelnen Verse Orgelspiel eingefügt wird. Im Magnifikat werden wieder die nicht gesungenen Verse von der Orgel ergänzt [50]).

Man sieht, welch reiche Mannigfaltigkeit, von der wir ja nur einen kleinen unser Thema betreffenden Teil ins Auge gefasst haben, in den Gottesdiensten herrschte. Aber überall geht innerhalb der Stücke, die für uns in Betracht kommen, das Prinzip hindurch, dass Orgel und Chor innerhalb der Liturgie in einander ergänzendem Wechselverhältnisse stehen. Es erscheint die Erhaltung dieser Form bis zum Ende des 17. Jahrhunderts und gewiss noch darüber hinaus besonders lehrreich.

Nur einzelne Bausteine sind es, die in der vorausgehenden Skizze dargereicht werden. Zwar würde sich, wie ich glaube, das Bild, das wir aus dem 16. Jahrh. gewonnen haben, sachlich nicht anders gestalten, wenn auch die übrigen KOO., die mir nicht zu Gebote standen, und die sonstigen Zeugnisse jener Zeit mir zugänglich gewesen wären. Dagegen würde wohl das 17. und 18. Jahrh. noch manches interessante Material bieten zum Verständnis für die allmälige Entwicklung des begleitenden Orgelspiels. Die Kürze der Zeit hat es verhindert, dass von mir in den verschiedenen städtischen und kirchlichen Archiven die örtlichen Verhältnisse gründlicher erforscht wurden.

[50]) Herold hat sich diese Anweisungen über das Alternieren von Chor und Orgel nicht zurechtlegen können, da ihm diese Weise der Ausführung von der römischen Kirche her und im Reformationszeitalter wohl nicht bekannt war. Er glaubt, dass „da, wo Orgelspiel mit Chorgesang wechseln (alternis vicibus) die Meinung die sein wird, dass sich die Gemeinde an das Orgelspiel singend anschliessen möge." a. a. O. S. 117. Er meint, das Orgelspiel deute den Gesang der Gemeinde an (S. 123). Dafür ist nicht die mindeste Andeutung gegeben. Die Sache erledigt sich einfach aus der historischen Tradition, die wir oben dargelegt haben.

Jedenfalls aber ist die Gesamtentwicklung auch für unsre Zeit sehr lehrreich. Ich glaube, dass die Frage über die Aufgabe der Orgel im Gottesdienste in der Beleuchtung, die sie durch die geschichtliche Entwicklung des Orgelspiels innerhalb der evangelischen Kirche empfängt, von neuem in Angriff genommen werden muss.

Darüber herrscht ja von vorn herein Einmütigkeit, dass das Orgelspiel, wie jedweder Chorgesang, im evangelischen Gottesdienste keine selbstständige, rein ästhetische Bedeutung hat, sondern dem gesamten Gottesdienste als dienendes Glied harmonisch sich einfügen muss. Die Kirche darf im Gottesdienste nie zu einem Konzertsaale für geistliche Musik werden. Nicht jedwede Komposition geistlicher Musik ist gottesdienstliche Kirchenmusik. Aber zweifellos steht fest, dass auch das Reformationsjahrhundert dem selbständigen Orgelspiele, wie dem Kunstgesange, ein weit grösseres Recht eingeräumt hat, als man heutzutage ihm einzuräumen vielfach gewillt ist. Die Überwucherung der Kunstmusik im 17. und Anfang des 18. Jahrhunderts hat eine allzustarke Reaktion bewirkt, die noch heute nachwirkt. Wenn freilich in unsrer Zeit vielfach ganz unvermittelt ein Chor oft an unpassender Stelle ein Musikstück vorträgt, von dem man nicht weiss, wie es hierher gehört, während die Orgel ganz statarisch jedweden Vers, den die Gemeinde singt, begleitet und oft übertönt, so kann man sich nicht wundern, wenn die Gegnerschaft nach beiden Seiten hin sich erhebt.

Die Ablehnung der Orgel ist allerdings in neuerer Zeit nicht so scharf hervorgetreten. Aber so weit auch Claus Harms mit seinen Worten, die er gegen die Orgel und ihren Gebrauch richtet[51]), über das Ziel hinausschiesst, so sind die Gründe, die er gegen den üblichen Gebrauch der Orgel anführt, doch sehr beachtenswert. So wenig der Missbrauch den rechten Gebrauch aufhebt, so entschieden muss man gegen den Missbrauch sich erklären.

Gottlob ist es ja in unsern Tagen mit der Begleitung des Gesangs durch die Orgel weit besser geworden. Die unerträglichen Zwischenspiele zwischen den einzelnen Verszeilen sind gefallen, das Tempo ist beschleunigter geworden, mannigfach hat man mit gutem Erfolge wieder den rythmischen Gesang unter Führung der Orgel eingeführt (z. B. in Baiern). Sind aber nicht noch manche berechtigte Wünsche vorhanden?

Dass Harms mit seinem Urteile darin recht hat, dass die durchgängige, überall geübte Begleitung jedweden Gemeindegesangs durch die Orgel der

---

[51]) s. oben S. 1, Anm. 3.

rechten lebendigen, frischen Entfaltung des Gemeindegesangs nicht dienlich ist, steht mir ausser Zweifel.

Ich habe öfters schon Gelegenheit gehabt zu bemerken, dass auf den Dörfern (z. B. der Mark und Pommerns), in deren Kirchen noch keine Orgeln waren, der Gesang der Gemeinde ganz besonders kräftig und gut war. Die Gemeinde wurde eben zur selbständigen Ausführung der Gesänge getrieben und verlernte, sich auf die Orgel zu verlassen. Andrerseits wagt eine Gemeinde, eine Versammlung, kaum kräftig die Lieder zu singen, sobald die Orgelbegleitung fehlt, wenn sie an dieselbe sonst gewöhnt ist.

Unsre Gottesdienste bekommen durch die fortwährende gleichmässige Orgelbegleitung oft etwas eintöniges, so dass die Gemeinde vielfach erst während des Hauptliedes zur Kirche kommt. Welch reichen Wechsel zeigen uns im Gegensatze dazu die Gottesdienste der früheren Zeiten! Ich weise nur beispielsweise auf die Nürnberger Gottesdienste im 17. Jahrhundert[52], auch auf den Ulmer Gottesdienst Mitte des 18. Jahrh.[53] hin. So wenig uns besonders im letzteren alles einzelne etwa gefallen wird, so gewiss ist der Wechsel von Liedern, welche die Gemeinde allein und welche sie mit Orgelbegleitung singt, bei rechter lebendiger Ausführung trefflich. Wenn die Orgel am rechten Orte zu schweigen versteht, und die Gemeinde allein zum Gesange gerufen wird, wird an andern Stellen die Bedeutung der Orgel und ihre Wirkung nur gehoben werden.

Wenn so auf der einen Seite der Orgel ein Verzicht auferlegt wird, so fragt sich, ob nicht andrerseits der Orgel allein eine selbständige Aufgabe nach den Grundsätzen unserer lutherischen Kirche[54] gestellt werden könnte, die sich zwar durchaus dem Gottesdienste zum Zwecke der Erbauung einreihen müsste und niemals nur ästhetische Zwecke verfolgen dürfte, in der aber die Bedeutung der Orgel auch selbständig zur Geltung käme.

Die Erörterung dieser konkreten praktischen Fragen liegt ausserhalb des Rahmens, in welchem diese geschichtliche Arbeit allein steht.

---

[52] s. oben S. 68 f.
[53] s. oben S. 65 f.
[54] Vgl. oben z. B. S. 40. 25. 29 f.